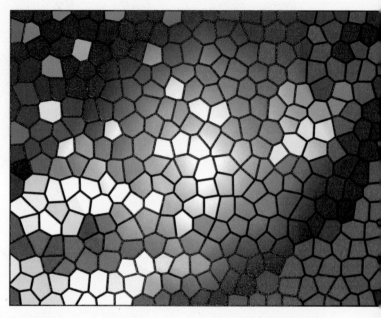

飄泊

尋找自由 美國篇

阮銘 著

前衛出版
AVANGUARD

①離開中國赴美國前合影，自右至左：小弟阮鐮、阮銘、大姐阮寧、小妹顧群(從母姓)、大妹阮澄。

②在紐約戈揚大姐家中。自左至右：司馬璐、阮銘、李春光、李洪林、戈揚、阮若瑛、張茂英(李洪林夫人)。

③與戈揚大姐同赴西點軍校演講後留影。

普林斯頓時期
與若瑛於普林斯頓大學校園內團聚合影。

普林斯頓時期

①家中與小狗Beethoven共餐。
②與台灣朋友魏教授夫婦同遊蓋茨堡林肯演說處。
③舉辦香港問題研討會，請台灣朋友焦仁和(右二)、中國朋友孫長江(右一)與會，在休
　息室合影。

普林斯頓時期

在普林斯頓大學教授林爵(Arthur Waldron)家中，牆上對聯首字用林爵姓名，係台灣朋友張佛千撰、楚戈書。

14

哈佛時期
①在張光直家留影。
②家門口(夏)，Summer st. 14號，住在傅高義教授宅邸3樓。
③在哈佛費正清中心參加研討會議與朋友合影，左起第三位高個子是魏昂德(Andrew Walder)教授。

普林斯頓時期

①1995年台灣立法委員選舉期間訪問台灣時，與中研院長李遠哲合影。
②1996年台灣大選時應《財訊》邀請赴台參加座談。

普林斯頓時期

1996年訪台，研討會後與蘇紹智(左二)接受電視訪談。

目次

推薦序
難行要行的
自由之路

台灣關懷中國人權聯盟理事長　楊憲宏

與阮銘教授相熟已經是2005年以後的事，那時我應陳水扁總統與呂秀蓮副總統的邀請，擔任「總統府人權諮詢小組」的委員。我當時的工作主要是關心中國人權問題，而在中央廣播電台開設一個人權的節目：「爲人民服務——楊憲宏時間」，專門電話訪問中國境內的維權人士，也分析中國獨裁專制政權的一些動向，阮銘教授很自然就成了我們節目的常客。我們常在節目結束後還共約吃飯，繼續未竟的話題，央廣的節目製作人黃美珍與溫金柯一起，有時還有我的太太瑤瑤與兒子洋洋，無所不談，大多的話題是台灣民主深化的問題，對中國的未來有時會談，可是覺得路還很遠。一直到最近，阮銘的見解與過去有了分別，他認爲「一灘死水」的時代結束了，「動起來了」，甚至更積極的說：「雖然還是黑夜，可是可以預見曙光。」他對習仲勳的兒子習近平有比較寬容的看法。我尊重阮老師的分析，畢竟他曾經在那個「地獄」住過人生的三分之二年代，從蔣介石到毛與鄧時代，還在胡耀邦身邊工作過。中國領導人中有人具民主自由的思想，在阮銘

心中一直有這樣的認知，特別是他對胡耀邦與趙紫陽的高度評價。只是過去的歷史一直告訴我們，有民主自由念頭而想實踐的人，在中國都沒有好下場。習近平是「有民主自由思想而想實踐的人」嗎？最近，我到美國時，特別去普林斯頓去看阮老師與阮師母，我們還在議論這個不易解答的難局。

阮銘正在寫有關台灣民主化過程的經歷，聽說這個問題在中國朝野都很熱門。阮銘與我的見解都是「大多數的中國專家都搞錯了方向」，簡而言之，都太神話了蔣經國在台灣民主化過程的角色，甚至誤導出一個古怪的期待：「習近平有可能是蔣經國嗎？」蔣經國是個人權迫害者(Human rights abuser)，是在台灣人民不斷的抗爭之下，不得不開放政治改革，絕非是個主動的民主改革者。我告訴阮老師，在我們共同出的《中國生死書》中，我特別寫了一個章節回顧台灣對抗外來政權的這60年，揭露蔣的真面目。知道阮老師集合大量文獻也在構思這個歷史公案，心裡很高興。這的確是個好題目，包括最近新加坡總理李顯龍在反對黨勢力漸漸壯大之後亟思改變，也有人拿他與蔣經國相比，只因為他們都同樣有一個專制獨裁的父親。

阮銘在台灣生活了14年，我是他後半段的好朋友，之前他是李登輝總統的貴賓，也是陳水扁總統的國策顧問。他年紀雖大，可是熱情感人遠勝年輕人。常力勸我們這一輩出來選舉，到立法院去為台灣出力，每次有個社會運動，他都很期待台灣政治有新生命，可惜他期待高，失望

也深。他回到美國與師母同住，雖然是人生美事，可是他對中國與台灣都有懸念，卻也不無遺憾。自由之路真的是難行要行，阮銘老師就是這樣的典型，期待他的第三部曲——台灣行早日出版。

推薦序

我看青山多嫵媚，
料青山看我亦如是

《劉曉波傳》作者、中國異議作家　余杰

如果社會制度把某一群體、某一階級或某一民族的
自由建立在其他人的苦難上，那麼，這種制度就不合
理、不道德。

以賽亞‧伯林

阮銘先生離開中國24年之後，我也選擇了離開。我離
開的2012年的中國，比阮銘離開的1988年的中國更加不
堪──大國崛起的表象下，山河汙染，人性敗壞，官逼民
反，天怒人怨，共產黨正在轉型為納粹黨，法西斯主義露
出了尖銳的獠牙。

年逾八旬的阮銘先生差不多是我祖父輩的人物，他在
回憶錄中條分縷析的流亡之路，於我而言，未嘗不是一
部未卜先知的教科書。英國作家沃(Evelyn Waugh)認為，
「人的本性是流放者」，熱愛自由並追尋自由的人啊，哪
一個，不是走在放逐與自我放逐的旅途中？

鄧小平道路跟毛澤東道路有多大的差異？

上世紀80年代前半期，阮銘曾在時任中共總書記的胡耀邦身邊工作過，並參與起草了改革開放初期的一些歷史性的文件。他深味中共高層權力運作的秘辛，對毛、鄧兩個時代都有深切體認，在海外出版了厚重而紮實的代表作《鄧小平帝國》。

2012年，習近平上臺之後，旗幟與道路，曖昧不明，忽左忽右。左派為習近平向毛澤東鞠躬的舉動而歡呼，右派為習近平向鄧小平致敬的行為而叫好。於是，左右逢源的習近平，賺到的金山銀山比青山綠水還多。

左派，尤其是毛左，我不予置評，也不值得我給予任何一句評價。而所謂的「右派」──或曰體制內改革派、溫和改良派、憲政民主派、普世價值派及自由主義者們──一廂情願地為新君唱讚歌的表現，則讓我大跌眼鏡，禁不住有話要說。人們看到習近平重走一趟鄧小平1992年的「南巡路線」，就把習近平看做是又一顆「大救星」。然而，中共統治的「前三十年」與「後三十年」，即毛澤東時代與鄧小平時代，真有本質的差異嗎？真是針尖對麥芒嗎？

惟有讀史才能使人明智。阮銘是一名少有的既能「入乎其內」又能「出乎其外」的中共黨史研究者。在這個時刻，更需要讀一讀他的有關著述，包括這本獨一無二的回

憶錄。在阮銘看來，鄧小平不是毛澤東的叛徒，毛澤東對鄧小平的定位是恰如其分的——鄧小平充其量就是「修正主義者」而已。在維護共產黨一黨獨裁這一「核心利益」方面，毛與鄧並無二致。胡耀邦與趙紫陽從未有過取鄧小平而代之的意圖，鄧為何要罷黜胡、趙，轉而選擇江澤民為接班人呢？阮銘分析說：

> 鄧小平只是在開創改革大業時，才需要胡耀邦、趙紫陽這樣有新思維的開創型人才。等到天下大定，鄧小平擔心的正是開創型新領袖的新思維，會改變他鄧小平帝國的舊路線，特別是他「絕不能讓」的政治思想領域。他需要的正是另一個「華國鋒」，遵循他鄧小平的「凡是」永遠不變。

這個看法如老吏斷獄，切中肯綮。此後的胡錦濤、習近平都算是「盜版的江澤民」，才可能被此種「優敗劣勝」的體制選中而上位。

習近平強調，「前三十年」與「後三十年」都是共產黨的榮耀和成就，不可厚此薄彼，更不可同室操戈。站在共產黨的立場上，這個說法是成立的。毛知道鄧是共產黨體制的忠臣孝子，才留下鄧一命；而鄧執掌大權之後，果然保留毛澤東紀念堂、天安門毛像以及憲法序言中的「四項基本原則」。毛、鄧的治國之道雖有差異，在意識形態上卻都是「銅牆鐵壁」。

　　這一點類似於毛澤東與周恩來之異同。曾任美國駐華大使的李潔明，在回憶錄中論及西方對周恩來的誤解。很多西方人認為，在中國的權力鬥爭中，周代表的是「好人」這一邊。但李潔明清楚地指出：「周恩來是個強悍、堅貞的革命黨員，過去曾有過動用暴力的紀錄。他之所以開啟和美國溝通的管道，並非因為他喜歡或欣賞美國人，或是美國的制度，而是因為中國迫切需要可以反制蘇聯的力量。」鄧小平也是如此，他開啟改革開放的道路，並不是要給中國人民以民主和自由，乃是為拯救共產黨自身搖搖欲墜的統治。可惜，在今天的西方和中國內部，仍有那麼多人對鄧小平的崇拜五體投地，甚至為習近平傾向鄧小平多一點而祈禱。哈佛大學中國問題專家傅高義，所寫的關於鄧小平傳記，甚至為「六四」屠殺辯護——傅高義曾經當過阮銘在哈佛訪學期間的房東，卻不曾吸納阮銘對鄧小平鞭辟入裡的批評性看法。

只要是反對共產黨的人，就永遠偉大、光榮、正確嗎？

　　阮銘以海外流亡者中的「烏鴉」自詡，雖然這個名字是別人為他取的，他本人卻甘之如飴。從這本回憶錄中可以看到，他只是有限地參與過一些海外民運活動，大部分時間都輾轉於美國各大學和基金會之間，讀書、寫作和研究是他的興趣所在。他不是政治活動的弄潮兒，只是偶爾

涉足其間，不小心打濕了鞋子而已。

　　沒有人喜歡聽烏鴉的聲音，沒有人喜歡聽批評性的言論。這些年來，海外民運的路越走越窄，不僅幾乎在西方主流社會銷聲匿跡，也基本不受海外華人社群的認同和歡迎。沒有任何一個人物與組織，享有清末時康梁、孫中山的那種地位。原因是多方面的，海外民主人士與經濟崛起的中共政權相比，確實實力懸殊。但是，反省與檢討仍然必要，若任何批評意見都不願聽取，而是熱衷於「抓特務」的遊戲，民運與共產黨又有什麼差別呢？

　　在這本回憶錄中，阮銘對90年代初期民運在轟轟烈烈的熱潮之下潛在的敗相已有所覺察。他寫道：

　　　　討論到「民陣」的組織屬性，會上的「三巨頭」，陳一諮和萬潤南兩位「實力派」領袖(一個代表「體改所」派、一個代表「四通公司」派)，都傾向列寧式政黨。

　　用共產黨的模式能戰勝共產黨嗎？既然你變得跟共產黨一模一樣了，為什麼還要反對它呢？短短幾年之間，阮銘又發現：「無論樂觀的舊夢、悲觀的新夢，都是不願或不敢直面現實，喪失了民運前進的目標。而愈無目標，愈內鬥；愈內鬥，愈無目標。沒有了理想的追求，爭鬥的都是權和錢。」毛的鬥爭哲學深入到每一個反對共產黨的人士的骨髓之中。

　　書中有幾處涉及作為流亡者群體的精英組織的「普林

斯頓中國學社」的內部分歧與興衰史。書生的爭鬥，亦堪
稱一場沒有硝煙的戰爭。我與好幾位當年的學社成員是交
往頗深的朋友，對學社的歷史與掌故多少有所了解。我並
不完全認同阮銘對諸多人事、理念的紛爭與糾葛的判斷，
但我覺得，學社雖小，可作爲透視中國知識分子以及中國
文化的病癥的一個標本，也可以作爲分析中西文化衝突的
一個典型個案。所以，阮銘書中披露的部分內容，是彌足
珍貴的史料。

　　與普林斯頓中國學社的淵源更爲深厚的蘇曉康，在
《離魂歷劫自序》中如此描述學社當時的光景：

　　　普林斯頓收留的「精英」、名流，因爲不懂英語又
　　不是平常人，只好「相濡以沫」，抱成一團，遂成一
　　「中國城」，派對每周必有，還非唱「文革歌曲」不
　　可，要不就是《血染的風采》。沒有誰受過基本的學
　　術訓練，卻常常要辦學術討論會，人人看上去大言不
　　慚，預言中國，還都會侃幾句文化；否則怎麼叫「訪
　　問學者」？

　　老實說，很多人，盛名之下，其實難副。不過，皇帝
的新裝，誰也不敢戳破，戲還得演下去。美國是一個自由
的世界，可是這些流亡者的心靈眞的得到了自由嗎？未
必。蘇曉康感嘆說：「這班大名鼎鼎的中國知識分子，除
了擁有一輛破車和不再擁有崇拜者之外，彷彿並沒有生活

在美國。」若非經歷生離死別之劫難，蘇曉康的自我反省
與解剖，又豈能如此痛徹肺腑？

流亡是一段精彩的新生命的開端

　　1988年離開中國的時候，阮銘本是想暫時出來透透
氣，未曾料到次年發生了「六四」慘案，從此便有家難
歸。這本回憶錄集中描述作者在美國的生活，美國的大山
大河，在其筆下嫵媚多姿，作者本人的生命狀態亦多姿多
彩，所以方能「相看兩不厭」。對於接納無數流亡者，
讓他們在此自由地呼吸、自由地思考、自由地言說的美
國，作者充滿感激之情；另一方面，作者又並非「惟美是
從」，對於從老布希到喬布斯(Steve Jobs)等向中國暗送秋
波、「與狼共舞」的美國政商人士，他亦是不是地直言批
評。

　　阮銘如此概括自己的一生：「我的生命，三分之二逝
去在地獄裡，三分之一飄泊在地獄外。」那自由的三分之
一的時間，比起那不自由的三分之二的時間來，不知道要
快樂、幸福多少倍。阮銘離開中國時，已57歲，差不多快
到退休年齡。但在這本回憶錄中，讀者看不到某些流亡者
身上的那種化不開的哀怨、愁苦、失望的情緒。二十多年
來，阮銘著述十餘部，在美國和台灣的大學開課數十種，
緊張、忙碌、充實，開闢了堪稱「笑傲」的「人生下半
場」。思想家伯林說，流亡是一條康莊大道，阮銘當有同

感。

　　所以，就連失去中國護照和中國國籍的那一刻，阮銘
也輕輕寫來，一筆帶過：

　　　中國領事館的答覆是拒絕延期。我問為什麼？回答
　　是：「政府不滿意你寫的文章。」我再問：「難道
　　文章觀點不同，就可以剝奪我的公民身份？」回答
　　是：「這個我們不能回答，我們也是奉命行事。」這
　　樣，我就成了無國籍的飄泊者。

　　此刻，並無斑駁之血淚，更沒有地動山搖之痛。對於
大部分中國人來說，家國情感可謂「千年一貫」，如棺材
蓋一樣壓得人喘不過氣來。阮銘卻能做到「揮一揮手，不
帶走一片雲彩」。從美國到作為美麗島的台灣，哪裡有自
由，哪裡就是家園，何必對那個早已淪為爛泥潭的中國牽
腸掛肚呢？比「葉落歸根」更高的價值，是與自由為友、
與自由同在。

　　智者的流亡，不是智者本人的錯，而是迫使智者流亡
的國家和制度的錯。英國歷史學家理查・皮佩斯在《共產
主義簡史》一書中指出：「為了追求全體一致，共產黨政
權使用了流放與監禁等辦法，企圖讓那些無法與其一致的
人保持緘默，但這些人往往也是最具有才能與創造精神。
其結果是，由於能存活下來的通常是最依賴以及最能配合
的人，因此所有的創新行為幾乎無法出現；因此，既然共

產社會無法讓最好的人才留下來，日復一日地陷於困境也就無可避免。」一個被土匪綁架的國家，有什麼榮譽可言呢？我只能預測，哪一天，睿智的中國知識分子不再流亡他鄉；哪一天，中國本土才是值得其公民自豪的自由之鄉。

前言

　　在《尋找自由》第一部裡，寫了我在中國尋找自由之夢的破滅：走出蔣介石的地獄，進了毛澤東的地獄；走出毛澤東的地獄，又進了鄧小平的地獄。1988年10月29日，在上海告別妻子若瑛和妹妹顧群，我出了地獄之門。我的生命，三分之二逝去在地獄裡，三分之一飄泊在地獄外。地獄裡的故事已經寫過，在這第二部裡，將寫出我在飄泊中的繼續尋找。

　　當黎安友(Andrew Nathan)教授邀請我來到哥倫比亞大學時，除了想體驗這個自由國家的自由生活，還準備以自己的經歷，寫一本《毛澤東帝國》。那時還有一位哈佛大學年輕教授Andrew Walder，邀我第二年去那裡的費正清中心，參與關於中國文化大革命的研究，這同我的設想吻合，文革是我計劃中《毛澤東帝國》的終結篇。所以原初我的打算是在美國待兩年，然而「六四」改變了一切。王震得悉我在美國譴責天安門屠殺，派人到海南島追究「阮銘是怎麼出國的？」還責令中央黨校管住若瑛，不准她離開北京。那時，哥倫比亞大學剛辦妥若瑛的來美手續，但她已無法出境。直到3年後，美國按照每年批准中國最惠

國待遇的人權條款，派國務卿貝克到北京同李鵬談判，若瑛才獲准來美國。至於我，在中國時不准出來，出來了又不准回去，護照被吊銷，成了一名無國籍者，飄泊在天涯海角，前九年在美國，後十四年在台灣。

1989年是歷史大轉折的一年，在中國和歐洲，發生了改變世界格局的兩件大事。

一件在中國。1989年4月中旬到6月初，由於胡耀邦去世，爆發了中國歷史上空前大規模的學生民主運動。6月4日，鄧小平調動20萬大軍，以坦克與衝鋒槍，血腥屠殺在自己國家廣場上和平示威的學生和民眾。這是全球第三波民主化浪潮遇到的一次重大挫折，有人悲觀地認為，這波自1970年代中期從南歐興起，逐步擴展到拉丁美洲、非洲、亞洲的自由民主浪潮，將消失於中國天安門高牆之下。

另一件在歐洲。僅僅5個月後，1989年11月9日，德國人民推倒了柏林圍牆。自由民主浪潮繞過中國的「反自由化」高牆，重返歐洲，敲響了蘇聯—東歐共產帝國的喪鐘。東西方壁壘在歐洲的打破，標誌一個開放的全球自由時代的來臨。樂觀的美國人如福山（Francis Fukuyama），認為自由已獲得最終勝利，「歷史終結了」；弗里曼（Thomas Friedman）則認為，柏林圍牆倒塌和資源、資本、資訊、貿易、科技、生產、服務等領域的全球流通，已經像推土機一樣把世界推平，「世界是平的」。他們沒有看到，「道高一尺，魔高一丈」，隨著全球自由開放時代的來臨，專

制奴役制度也會改變其生存與擴張戰略，以適應在新的時空條件下同自由力量相抗衡；自由vs.奴役的歷史沒有終結，世界沒有推平，尋找自由之路沒有盡頭。

「六四」屠殺之後，鄧小平立即同美國總統老布希密函來往。老布希採取兩面手法，一面向公眾表示譴責屠夫，制裁暴政；一面與鄧小平暗通款曲，尋求與其合作，助其「穩定」，以維持自由大國與奴役制度大國之間的「力量均衡」(balance of power)。6月23日，鄧小平收到來自老布希的一封密信。信中寫道：「對於閣下對貴國人民的貢獻，本人極為敬重。有鑑於此，請求閣下協助維繫這層貴我雙方都至為重要的關係。敝人已竭盡所能，不干預中國內政，尊重貴我兩國社會制度之歧異。敝人向閣下保證，希望這個難題獲得解決，既令閣下滿意，又不違背我們對基本原則的主張。朋友之間有歧見，必須設法消弭。」老布希在信中徵詢鄧小平「能否接受美國派密使訪問北京？」鄧小平一面答覆老布希同意接待密使，一面加緊國內鎮壓。6月下旬，北京、上海等地繼續大清查、大搜捕，公開處決參與民主運動的中國青年，把「反自由化」恐怖推向高潮。

6月30日，老布希瞞著國會和公眾，違背自己宣佈的制裁令，派遣特使史考克羅夫特(Brent Szcowcroft)帶上他的親筆問候信，秘密訪問北京，向鄧小平示好。鄧小平看穿美國政府的「制裁」只是應付輿論的虛假姿態，因而在會見史考克羅夫特時態度強硬，逼美國退卻。老布希見鄧小

平強硬，連續於10月、11月派中國的「老朋友」尼克森、季辛吉到北京充當說客。鄧小平會見尼克森時說：「你是在中美關係非常嚴峻的時刻來的，請你告訴布希總統，結束過去，美國可以採取一些主動行動；美國利用中國市場還有很多事情可做，我們歡迎美國商人繼續進行對華商業活動，這恐怕是結束過去的一個重要內容。」

尼克森從鄧小平那裡回來後，在美國《時代》雜誌發表文章〈中美關係的危機〉。他寫道：「在東亞安全問題上，日本已是一個經濟超級大國，而且有能力成為一個軍事和政治超級大國。與此同時，蘇聯在這一地區仍有相當影響力。在此情況下，一個強大的、穩定的、與美國保持友好關係的國家，對於美國平衡亞洲力量，特別是平衡日本和蘇聯在遠東的力量，是必不可少的。美國同中國的合作符合美國利益，美國可以利用中國的力量來平衡其他力量，以在太平洋地區取得有利於美國的大國均衡。」

這就是尼克森聯中制日、聯中制俄的「大戰略」。日本是亞洲自由國家、美國的主要盟國，俄國是正在終結共產奴役制度、走向自由的國家，而中國，是對爭取自由的本國人民進行屠殺的專制暴政國家。尼克森竟然建議美國聯合專制暴政國家，去「制衡」自由盟國和走向自由的國家。老布希似乎接受了尼克森的建議，他在11月6日給鄧小平的信中說：「當初尼克森訪華的地緣政治因素依然存在，今天美中兩國在許多重要領域有相似的利益；美國在同蘇聯領導人戈巴契夫會晤後，將派特使訪華通報，並

探討如何使中美關係正常化。」鄧小平11月15日回覆老布希：「我一直把你看作中國的朋友，讀了你的信，我對中美兩國如何共同採取步驟恢復和發展友好關係，產生了一些想法，委託季辛吉博士向你當面轉達。我本人和中國政府歡迎你派私人特使訪華。」

12月10日，鄧小平再次會見美國總統特使史考克羅夫特，那時他剛辭去最後一個軍委主席職務。鄧小平說：「我已經退休了。但我的朋友布希總統的特使來，我不見也太不合情理了。你這次訪問是非常重要的行動，盡快解決6月以來中美之間發生的問題，這是我們共同的願望。請特使轉告布希總統，在東方有一位退休老人，關心著中美關係的改善和發展。」史考克羅夫特則在晚宴致辭中表示：「我們認為重點在於別再浪費力氣，責備咎在何方？在兩國都有尋求挫折我們合作的聲音，我們都必須採取大膽措施，導正這些負面力量。」由此可見，美國政府不但已把「六四」屠殺置之度外，而且已把矛頭轉向反對美國政府急於同殺戮者「合作」的「負面力量」，不惜與殺戮者一道「採取大膽措施」，予以「導正」！

歷史就是這樣吊詭：一個自由之敵倒下，另一個自由之敵即取而代之，而且總是在自由力量的主要代表——美國的扶持之下。反希特勒戰爭勝利前夕，羅斯福在雅爾達扶持史達林；文革災難中，尼克森訪問北京扶持毛澤東；天安門屠殺後，老布希扶持鄧小平，都是在歷史的關鍵時刻，自由力量做出有利於自由之敵的關鍵選擇。

　　鄧小平的「中國特色社會主義」，其「特色」就是把毛澤東的封閉式共產專制帝國，改造成開放式共產專制帝國；改變的只是這個奴役制度帝國的經濟發展戰略，從「自力更生」的鎖國戰略，轉變為「改革開放」的全球戰略。這是一種寄生在全球自由資本肌體上的新奴役制度，它向自由國家開放市場，吸引全球資本、資源、資訊、人才、技術，與跨國自由企業合作，共同榨取本國勞工，分享高額利潤。

　　像我現在用來閱讀和寫作的蘋果iPad，它的背面印著：Designed by Apple in California, Assembled in China. 還有4個中文字：「中國製造」，這是全球化的一個標本。它的尖端設計，掌握在賈伯斯(Steve Jobs)手裡。中端從面板到內部零件，大部份是台灣提供的，也有日本和其他國家的。末端是「中國特色社會主義」的富士康，深圳龍華區幾十萬農民工的「人海」完成組裝。iPad的典型意義，在於集自由與不自由於一身：它既是自由時代最具獨創性的自由產品，又是「中國特色社會主義」下「人海戰略」的不自由產品；自由制度與奴役制度在這個全球化產品中已融為一體，難解難分。這就像美國南北戰爭前，南方自由的美國人同他的奴隸種植園難解難分一樣。

　　你看，一端是賈伯斯，自由人的自主創新精神不斷激發和創造出新的自由價值，我從iPad獲得了新的自由。過去寫作，我用鋼筆、墨水在紙上書寫，還要請助理列印；過去我每天到便利商店買4份報紙閱讀，手指被劣質油墨

染黑。現在我已經擺脫紙張、墨水、鋼筆、報紙，獲得新的自由。像我這樣80歲的老人，過去用電腦只能上上網，看看e-mail，無法自由地寫作和閱讀，因為太費時費勁；現在iPad給了我新的寫作和閱讀的自由，時效大為提高。

再看，另一端是郭台銘，不自由的中國特色「人海戰略」，中國人稱他是「活學活用毛澤東思想的典範」。毛澤東用「人海戰略」打仗，他用毛澤東的「人海戰略」和「軍事化管理」辦現代農民工產業。深圳龍華區的「富士康」，是集中了45萬農民工的「人海」，也是機器指揮下的45萬名奴隸的「人海」。郭台銘是用古代埃及法老王修金字塔、秦始皇築長城、毛澤東打淮海戰役的「人海」，淹沒了農民工個人的生命力和創造力，卻組裝出最富個人生命力和創造力的自由產品iPad。當富士康發生農民工自殺的「十三跳」時，賈伯斯曾為郭台銘辯護，說「富士康不是奴工工廠，那裡有咖啡館和游泳池」。不錯，的確有，但那不是供45萬不自由的農民工「人海」享用的。「人海」中的每一滴海水、每一名農民工，看起來是自由流動的，自願報考進來的，自願加班到每天12小時，自願接受嚴苛的「軍事化管理」；然而這一切「自願」，又是被迫的，對於從全國各地離鄉背井來到深圳的年輕農民工，他們為了生存，或者還加一點夢想，是別無選擇的選擇。當他們淹沒在被剝奪創造力和生命力的「人海」之中，在精神的枷鎖下感到迷茫時，不幸的事件就發生了。而郭台銘的對策是在高樓周圍張網，讓你欲跳不能，這就

是富士康的悲劇。

自由時代的自由產品iPad，能夠不斷創新、不斷提升，顯現其無窮的生命力和創造力，是取決於賈伯斯這個「人」，而不是取決於富士康的「人海」；iPad不能沒有賈伯斯，可以沒有郭台銘。

這些年在「自由世界」飄泊，我深深感到，人們對封閉於高牆中的自由之敵，如史達林、毛澤東、賓拉登，比較容易看到和抵制；而對另類「開放」的自由之敵，往往不願去看，甚至情願認敵為友。像老布希對鄧小平那種情結，在美國非常普遍。原因何在？我記得美國前國務卿佐立克(Robert Zoellick)曾經在一篇演講中列舉「中國與前蘇聯截然不同」，如下：

> ——中國不尋求傳播激進的反美意識；——中國雖未實行民主，但也不認為自己正與全球民主制度進行最後搏鬥；——中國雖然有時採行重商主義，但並不認為自己正與資本主義進行殊死鬥爭；——最重要的是，中國不認為自己的前途取決於廢除現行國際體系的基本秩序，事實上正相反，中國領導人決定，他們的成功，依賴於與當代世界聯網。

這就是在美國人中普遍的「鄧小平情結」或「中國情結」。在老布希、尼克森、佐立克們看來，鄧小平不但不像毛澤東那樣同自由制度對抗，而且把自由制度與奴役制

度的利益統一起來了。他們沒有看到，這種自由制度與奴役制度的「利益統一」，就是讓自由制度下的生命力和創造力「賈伯斯」，與奴役制度下不自由的「人海」相結合，新生出一個全球開放時代的自由之敵。這個自由之敵今天沒有挑戰美國和全球民主制度，也沒有挑戰資本主義和現行國際體系基本秩序；不但沒有挑戰，還需要這一切來幫助自己加快「崛起」。

　　老布希之子小布希(George W. Bush)擔任美國總統時，曾在2005年5月7日拉脫維亞首都里加的反法西斯戰爭勝利60週年紀念會上發表演說，承認「《雅爾達協定》為追求假穩定而姑息暴政、犧牲自由」，是「歷史上最大的錯誤之一」。他說：「我們不會重犯這樣的錯誤，我們已經上了一課，任何人的自由都不能犧牲，我們長遠的安全和真正的穩定取決於其他人的自由。」小布希在他第二任的就職演說中還提出：「美國的全球戰略是擴展自由，關注每一個國家、每一種文化中民主運動與民主制度的成長，實現在這個世界上終結暴君專制統治的目標。」小布希的自由理想高過他的父親，然而一到中國，他就吞吞吐吐、言不由衷了。《華盛頓郵報》批評他：「胡錦濤正在把中國變成一個對付布希擴展自由戰略的巨大堡壘，布希可以不去改變它，但至少可以更加誠實地描述它，並猛烈地反對它。」然而小布希沒有，他的繼承者歐巴馬也沒有。對於開放的「中國特色」新奴役制度，今天還看不到有人願意「誠實地描述它，並猛烈地反對它」，無論是在美國，還

是台灣。

上週末，朋友Sophia邀我去新竹「上尚講堂」講「尋找自由的故事」，聽眾看過我的《尋找自由》第一部。我想，老調子不必重彈了吧？所以把講題改成「尋找自由路上的哲學思考」，講了一點我將動筆(不再用鋼筆，是用iPad筆)第二部的構想。在第一部裡，我是中國這段歷史的參與者，照實際的經歷寫下來就是。在第二部裡，我到了美國和台灣，只是歷史的觀察者，角色不同，寫法也得改變，除了所見印象的記錄，該有一點觀察中的思考吧？那天講了飄泊歲月中，我在思考什麼？第一是尋找自由之路有沒有盡頭？第二是尋找自由會不會得而復失？第三是尋找自由的秘密在哪裡？這也該是《尋找自由》第二部的主題吧？

　　　　　　胡耀邦逝世22週年忌日(2011年4月15日)

　　　　　　　　　　　　　於台灣‧淡水

1 晨邊公園

1988年10月29日，我從上海搭乘中國民航來紐約。中途在舊金山進關，檢查十分嚴格，行李被一一打開。檢查員撿起一隻粽子，手上拿著個什麼工具，一下就戳穿了，露出裡面的豆沙餡。他問我那是什麼？我匆忙中說了個「bean」字，算「豆類」吧？他一聲「OK」，就放行了。原來我妹妹顧群知道我從小愛吃豆沙粽，臨上飛機前她特意去上海有名的「喬家柵」買來放進行李的；還好是豆沙餡，聽說如果是鮮肉粽，就不「OK」了。

抵達紐約甘迺迪機場時，若瑛的外甥女阮丹青已在等候，我暫時就住她家。她是若瑛的大姐阮若珊和姐夫黃宗江的小女兒，從小同若瑛和我親近。她上北京大學時，因離中央黨校近，就在我家住宿。北大畢業後，她考上了美國哥倫比亞大學社會學系博士研究生，1982年秋天到哥大讀書。我來美國時，她正忙著寫博士論文最後部分。

第二天，小青(阮丹青)帶我去學校辦手續，學校分給我的宿舍，在曼哈頓上城(Up Town)西120街(W120St.)和阿姆斯特丹大街(Amsterdam Ave.)的交會處。從我宿舍的窗戶望出去，東邊有一個小小的公園Morningside Park ——「晨邊公園」，好優雅的名字。聽小青說，哥大學生中有一個

文學團體，名字就叫「晨邊社」。

　　隔天早晨，我在窗口遙望，園中空無一人，晚秋的朝陽，斜照在綠油油的公園草坪上，似乎在向我招手。於是我步出宿舍，穿過大街，走下一條窄窄的坡道，就進了園內。當我在陽光下漫步，舒服地呼吸著清新的「晨邊」空氣時，突然有人出現，手拿匕首對準我的脖子。我一看是個黑人青年，要我交出錢包，他拿過去翻了翻，迅速取走30塊錢，把錢包還給我就跑。

　　事後沒幾天，小青的同學唐翼明約我去他家餐敘，他是哥大文學院博士研究生，正好是「晨邊社」的社員。餐桌上談起「晨邊公園」，唐翼明告訴我，哥大的校園和宿舍區都在西112街(W112St.)到西120街(W120St.)之間，離當年發生黑人暴動的西125街(W125St.)的哈萊姆區不遠，我住的那個宿舍樓離得最近。那次暴動中燒毀的公寓大樓，至今沒有重建，一些無家可歸的失業黑人就在那裡棲身；我散步的「晨邊公園」，是毒品交易的場所，有人一時毒癮發作又無錢購買毒品，搶劫的事就時常發生，許多哥大學生都遇到過。小青的男友謝文就遇到一次，他都已走到家門口，進電梯時被一個黑人攔住，拿刀子逼他掏出錢包，取走了30塊錢。

　　這是我在美國上的自由第一課：我的自由，同那位黑人青年的自由是聯結在一起的，他沒有自由，我也沒有自由；二百多年美國的自由歷程，只是一步一步、曲曲折折地在前進，遠遠沒有最終勝利，也看不到自由之路的盡

頭。

　難道不是嗎？1776年傑弗遜(Thomas Jefferson)起草「獨立宣言」時，已宣告「人人生而平等，造物主賦予他們不可剝奪的權利，包括生命權、自由權和追求幸福的權利」。然而那時大多數美國人，黑人、婦女、缺少財產和受教育機會的窮人、被視為異端教派的信徒，都被剝奪了平等的自由權利。

　早期從英國來到北美的移民，是逃避英國國王查理一世迫害的清教徒，他們為尋找自己的宗教自由而來；來了之後，卻不能寬容別人的自由信仰。像當時維吉尼亞的立法者都是聖公會信徒，別的教派不准被選入州議會；傑弗遜認為不公平，他提出一項「宗教自由法令」，主張從法律上確定政教分離。傑弗遜說：「政府的合法權力只應延伸到制止人們對他人有害的行為上，而不管我的鄰居說有20個上帝還是根本沒有上帝，都於我無害；他既沒有扒竊我的錢包，也沒有弄斷我的腿。」

　這項「宗教自由法令」在維吉尼亞州議會屢遭多數否決。帶頭反對的是一位著名的自由戰士帕特里克‧亨利(Patrick Henry)，我在上海讀中學時就知道他的名字。美國獨立戰爭前，亨利在維吉尼亞州議會發表過著名演說「不自由，毋寧死」；他還提出「無代表權不納稅(No representation no taxation.)」對抗英國殖民統治。那時上海學生運動反對國民黨特務恐怖統治，大家都會喊亨利喊過的 「不自由，毋寧死」；但亨利反對「宗教自由法令」的事，我來

美國才知道。

亨利擅長演說，總能掌握多數阻撓傑弗遜的「宗教自由法令」通過；後來麥迪遜(James Madison)想了個辦法，把亨利明升暗降弄到州長辦公室當主任。反對派失去亨利這位雄辯家，多數變成少數，「宗教自由法令」終於在維吉尼亞州議會獲得通過，那已是「獨立宣言」簽署十年之後(1786年)。

直到18世紀60年代，這個自由國家還存在奴隸制，南部蓄奴州視奴隸為私人財產，11個南方州為保衛蓄奴的「自由」脫離聯邦，自己另組「邦聯」，導致一場慘烈的南北戰爭。林肯總統(Abraham Lincoln) 開始並不打算干涉南方的奴隸制，他只是反對蓄奴州從聯邦分裂出去；可是南方蓄奴州回答他：「脫離是美國的自由傳統，獨立革命就是一次偉大的脫離。」

在戰爭初期，南軍佔上風，林肯為「統一」而戰吃了敗仗，聯邦幾乎不保。後來林肯轉向自由主題，在1862年9月22日簽署「解放奴隸宣言」，宣佈「1863年1月1日，在反叛美國的任何一個州，所有奴隸都在那時及以後永遠獲得自由」。林肯簽署這個宣言時對身旁的內閣官員說：「先生們，在我的生命中，我感覺自己做得最正確的事，就是簽署這份文件。」

從此北軍轉敗為勝，成千上萬奴隸從南方種植園逃到北軍營地，投入這場自由之戰；北軍中的黑人戰士，達到126萬多人。《紐約時報》寫道：「8個月之前，黑人像野

獸一樣遭到追捕，他們為活命而逃。這一切發生了多麼驚
人的變化，同樣這些人，今天排著整齊的隊列前進，肩上
扛著步槍，在嘹亮的軍樂伴奏下，走到哪裡都有人拋撒鮮
花，向他們致敬。」

1863年11月9日，林肯在蓋茨堡國家士兵公墓的3分鐘
獻辭中說：「87年前，我們的父輩創造了一個新國家，她
孕育於自由之中，奉行人人生而平等的原則。現在我們正
進行一場偉大的內戰，以考驗這個孕育和奉行這一原則的
國家，是否能夠長久存在。世界不會忘記勇士們在這裡做
了什麼，我們活著的人應獻身於他們未竟的事業，要讓這
個國家獲得自由的新生，要讓這個民有、民治、民享的政
府永遠不會從地球上消失。」

中國獨裁者江澤民喜歡背誦林肯這一獻辭，卻不解其
意，背完後說，他不承諾放棄對台灣使用武力，正如同林
肯為「統一」而戰。江澤民無法理解，林肯是為美國獲得
「自由的新生」；而他，是為消滅新生的自由國家台灣。

美國的自由之路，在林肯之後繼續遭遇無數挑戰。
1963年是林肯簽署「解放奴隸宣言」100週年，然而「自
由的新生」仍未在被「解放」的奴隸中實現。8月28日，
25萬民眾聚集於首都華盛頓林肯紀念堂前，在林肯雕像下
舉行聲勢浩大的示威集會，黑人牧師馬丁·路德·金恩博
士(Dr. Martin Luther King, Jr. 1929-1968)發表了他的經典演說《我
有一個夢》。

我到美國遇到的新年後第一個國定假日，就是1月

份的「馬丁・路德・金恩誕生紀念日」，這是雷根總統
(Ronald Regan)於1986年簽署法令訂立的。那一天，我在哥
大圖書館找到金恩那篇演說，還有其他有關金恩的資料，
閱後深受感動。金恩在《我有一個夢》中說的那些話，雖
滿懷希望，讀著卻感到沉重。他說：

　　——100年前，一位偉大的美國人，第16任總統亞
伯拉罕・林肯——今天我們就站在他的身影下——簽
署了「解放奴隸宣言」；給千百萬受非正義迫害的黑
奴帶來希望之光，恰似結束漫漫長夜禁錮的燦爛的黎
明。

　　——然而，100年後，黑人依然沒有獲得自由；100
年後，黑人依然悲慘地處於種族隔離和種族歧視之
下；100年後，黑人依然生活在貧困孤島上；100年
後，黑人依然感到在自己國土家園中漂泊流離。

　　——我們今天來到國家的首都，是為了兌現一張支
票。共和國締造者在擬定憲法和獨立宣言時，就簽了
一張每一個美國人都能繼承的支票，向所有人承諾，
不論白人黑人，都享有不可剝奪的生命權、自由權和
追求幸福的權利。

　　——然而，美國沒有兌現這筆神聖的債務，而是開

給有色公民一張打著「資金不足」戳印被退回的空頭支票。但我們不相信正義的銀行會破產，不相信這個國家巨大的機會寶庫會資金不足。

——有人問，「你們什麼時候才感到滿意？」只要黑人依然是警察恐怖暴力下的犧牲品，我們就不會滿意；只要黑人在旅途勞頓後，被公路旁汽車旅館拒於門外，我們就不會滿意；只要黑人孩子們被「僅供白人」的牌子剝奪個性、損毀尊嚴，我們就不會滿意；只要密西西比州的黑人不能參加選舉，紐約州的黑人認為他們與選舉毫不相干，我們就不會滿意。不，我們不會滿意，直到公正似水奔流，正義如泉噴湧。

——朋友們，今天我要對你們說，儘管重重困難，我依然懷有一個夢。我夢想有一天，在喬治亞州紅色山崗上，昔日奴隸的兒子，與昔日奴隸主的兒子平起平坐，親如手足。我夢想有一天，阿拉巴馬州的黑人男孩和女孩，與白人男孩和女孩情同骨肉，攜手並進。我夢想有一天，甚至密西西比，一個充滿壓迫的荒漠之州，也會改造成自由公正的青青綠洲。我夢想有一天，我的4個兒女，將生活在一個不是以皮膚的顏色，而是以品行的優劣作為評判標準的國家裡……

——有了這個信念，我們就能從絕望之山開採希望

之石；有了這個信念，我們就能一同工作，一同祈
禱，一同抗爭，一同入獄，一同維護自由。因爲我們
知道，我們終有一天會獲得自由。

——到了這一天，自由之聲將響徹每一座山崗，美
國將成爲偉大國家，這一點必須實現。那時，上帝的
所有孩子，黑人和白人，猶太教徒和非猶太教徒，基
督教徒和天主教徒，將攜手同唱那首古老的黑人靈
歌：「我們終於自由了。」

金恩和他的這篇演說，同林肯和他的蓋茨堡演說一
樣，均已名垂千古。然而，美國走向「自由的新生」之
路，依然漫無盡頭。

1968年4月3日，在孟菲斯一次教堂集會上，金恩說了
他最後的話：「只有當天空黑暗下來的時候，才能看見群
星閃爍，我眺望遠方，已經看到福地，我也許不能與你們
一起到達那裡，但我要讓你們知道，情同手足的人類關係
將成現實。」

第二天(4月4日)晚上，金恩從汽車旅館臥室走上陽台時
遭到槍擊，結束了他39年的短暫生命。

在哥大圖書館裡，我一邊讀著金恩，一邊腦中又浮現
出晨邊公園裡遇到的那位黑人青年。我同他眼光相遇只是
一瞬間，他的眼中看不出仇恨和恐懼，雖然手中握著匕
首，我從他眼中看到的只有焦慮和渴望。那究竟是毒癮發

作時的生理反應？或者是對自己未來命運的迷惘？

2 紙袋午餐

　　我初到哥倫比亞大學那些日子，過得輕鬆而自由。我的老闆(Host)黎安友(Andrew Nathan)教授，是一位眞誠、善良的猶太裔美國學者，留著一點漂亮的鬍子，眼中總是含著笑意；給我最深的印象，是他熱情關注中國的民主和人權，盡力幫助來自中國和台灣的學生與學者。我們第一次見面時，他告訴我，魯斯基金會的政策，是給魯斯學者(Luce Fellow)提供自由的學術研究環境，對於學者的研究工作並無具體要求，學者也毋需提交研究計劃和成果。但魯斯基金會提供的學者名額和酬金(Fellowship)，是由指定學校提名申請的，所以學校方面樂意請來訪學者提供他們的經驗和見解，當然是出於學者自願。我請他不必客氣，我說：「你是主人，我是客人；但我們也是朋友，雖是初次見面，但我了解你關切中國的自由人權，我們有共同的價值觀，我願意與美國朋友分享我所了解的中國，也期待美國朋友幫助我了解美國，希望我們之間，能夠不拘形式地交流各自的經驗和見解。」黎安友高興地表示認同，邀我第二天在哥大教授俱樂部共進晚餐。

　　那晚在哥大教授俱樂部，黎安友教授偕同他的夫人維特克(Roxane Witke)一起宴請我。維特克是位歷史學者，興

趣在研究中國革命中的婦女，因寫過一本《江青同志》
(*Comerade Chiang Ch'ing*)，在中國很有名。她於1972年8月訪
問中國時，江青曾在北京和廣州同她談話十次，長達六十
餘小時。江青的意圖，是讓維特克替她寫傳記，像斯諾
(Edgar Snow)替毛澤東寫過的那樣。當時曾有傳言，毛澤東
看到江青準備提供給維特克的談話記錄和有關資料，批了
四句話：「孤陋寡聞，愚昧無知，立即攆出政治局，分道
揚鑣。」記錄和資料全部封存。後來維特克依據自己的筆
記完成她的著作，1977年在美國出版。那時毛澤東已去
世，江青也已入獄。席間我談到有關此事在中國的傳聞，
但自己迄今未見過此書，在紐約的書店也未找到。維特克
說，十年前的書，美國書店裡是不易找到的，她答應送我
一本。書是她託黎安友轉交的，以後我再未見到她；在我
離開哥大去密西根不久，他們就分開了。

　　再次同黎安友教授會面時，我們交談了兩件事。一件
是交換各自的研究計劃，我們的興趣似乎不謀而合：我給
他一份草擬的「毛澤東帝國」研究大綱，他給我一份計劃
中的專著《MAOISM》（毛主義）章節提要，共15章，註明
的擬定日期是兩年前(12 Dec.1986)。黎安友笑笑說，這是個
「大工程」，目前還在收集有關資料，尚未動手寫呢！後
來的形勢發展，把我們兩人的注意力，都從歷史轉向急劇
變動的現實，我放下《毛澤東帝國》寫《鄧小平帝國》，
他的《MAOISM》也未見問世。第二件事，他邀我在哥
大東亞所做一次演講，讓他有機會把我介紹給所裡的同事

和研究生。我們商定的講題，是「中國改革的十字路口」
(Chinese Reform at the Crossroads)。黎安友要我放開思路用中文
講，由他擔任翻譯。時間定12月14日，星期三。黎安友
說，這是哥大東亞所本學期的最後一場演講，過後就是聖
誕節長假了。

　　美國大學的學期很短，每學期只有13個星期，也就是
3個月；假期卻很長，暑假有4個月，比一個學期還長，因
為很多學生要在假期打工，賺取下學期的學費，老師也要
在假期做學術研究或進修。由於學期短，時間緊，所以專
題演講一般都安排在中午12點到下午2點的課間。講者與
聽者都帶簡便午餐進場：一個棕色紙袋，裡面裝一份三明
治、一個蘋果，就解決了一頓午餐，叫作「紙袋午餐」
(Brown Bag Lunch)。另外在會場門口桌子上放一些小餅乾、
小點心之類，未帶「紙袋午餐」的聽眾，可以隨手取一點
充饑。兩個小時的安排，大致一個小時演講，一個小時討
論；所以我只需講半個小時，另外半個小時給黎安友做翻
譯。

　　選擇這個講題，出於我來美國前，中國的十年改革已
陷入困境。自1987年初鄧小平和專政派清算胡耀邦的「縱
容資產階級自由化」以來，中共內部以自由、平等、幸福
等普世價值為目標的民主改革派，均被整肅或邊緣化。從
中央的習仲勳、李昌、朱厚澤、李銳、杜潤生，到地方的
項南、任仲夷等，都已被迫離開領導崗位，由專政派的特
權腐敗官僚取而代之。接任總書記的趙紫陽與鄧小平妥

協，提出政經分離的兩元施政路線，即所謂「兩個基本點」。趙紫陽在1987年1月29日北京人民大會堂的春節團拜會上說：「改革、開放、搞活，講得最早、最多、最深刻的，是鄧小平同志。堅持四項基本原則和反對資產階級自由化，講得最早、最多、最深刻的，也是鄧小平同志。他是在深入研究中國實際的過程中提出這兩個基本點的。我們大家都應當好好學習小平同志關於這兩個方面的論述，這是中國特色社會主義的真諦，是三中全會以來路線的基本內容。」

　　這兩個基本點是相互衝突的，趙紫陽想妥協，讓「反自由化」不要反到經濟領域的改革開放，即「政經分離」。然而，專政派絕不妥協，鄧力群說：「自由化思潮氾濫，第一段是思想領域自由化氾濫，第二段是自由化侵入經濟領域，第三段是形成代表資產階級的政治勢力。」他的「第一段」是指胡耀邦，「第二、三段」是指趙紫陽。鄧力群稱趙紫陽是「資產階級政治勢力的代理人」，他說，有一次李先念問陳雲：「文化大革命期間毛澤東講黨內有走資派，是犯了錯誤；但從這幾年看，趙紫陽像不像一個走資派呢？」陳雲說：「什麼像不像？他就是走資派，他的生活，他的政見，證明他是地地道道的走資派！」

　　1987年中共十三大前後，趙紫陽和鄧小平有過一段建立在「兩個基本點」上的短暫蜜月期，1988年夏天物價改革失敗後就結束了。我離開中國前不久召開的中共十三屆

三中全會上，李鵬和姚依林異乎尋常地聯手攻擊趙紫陽的
經濟政策；事實上物價改革是鄧小平自己闖下的禍，他下
令要以「過五關，斬六將」的勇氣「闖過物價關」，自己
的注意力卻轉向國際問題，失敗後把責任推給了趙紫陽。
1988年，是全球自由民主浪潮衝擊蘇聯和東歐共產國家
的一年，6月18日，戈巴契夫在蘇聯共產黨代表會議上宣
佈：「對政治體制的根本性改革，是摧毀中央集權的政府
僵化體制及其命令壓迫機制這一官僚巨石；蘇聯的變革，
應沿著深入且持續的民主方向前進。」他宣佈「釋放全部
政治犯」，並許諾將為史達林大清洗中的遇害者建立紀念
碑。東歐局勢比蘇聯更加動盪。鄧小平敏感到「國際大氣
候」遲早會衝擊到中國，決心讓「反自由化」一手更加強
硬。

　　但趙紫陽對自己面臨的國際、國內複雜形勢，彷彿沒
有清醒的判斷。他聽任自以為或被認為接近他的一些「精
英」、「幕僚」，提出和渲染一種所謂「新權威主義」
(New Authoritarianism)的「理論」。他們主張，今天改革的困
境是領袖的權力未能高度集中造成的；而改革的阻力是要
求自由民主、要求政治改革的民眾。1988年9月，在北京
舉行的「戊戌變法90週年紀念會」上，戴晴在她的演說
「從林則徐到蔣經國」中提出：「乾綱獨斷，以專制雷
厲風行」；「正是蔣經國的模式，也未嘗不是我們的模
式」；「以中國之國情，專制只能在開明專制者手裡結
束」。一位香港大學教授張五常，在1988年9月19日陪同

美國經濟學家弗里特曼(Milton Freedman)拜訪趙紫陽後，發表題爲〈假如趙紫陽是個獨裁者〉的文章。他說：「中國改革的困難不是不夠民主，而是不夠獨裁。趙紫陽如果擁有蔣經國一樣的權力，中國改革會順利得多。在民主改革與獨裁改革之間做選擇，我會毫不猶豫選擇後者。仁慈而又明智的專政，比任何民主制度都要好得多。」

　　使我感到有趣的，是到紐約的第一個晚上，在小青家中遇到幾位留學生，也正在爭論「新權威主義」。一位學生援引亨廷頓(Samuel Huntington)著作《變動社會中的政治秩序》(*Political Order in Changing Societies*)裡那句名言：「人們當然可以有秩序而沒有自由，但不可以沒有秩序而有自由。」這位學生認爲，發展中國家爲了秩序與穩定，必須犧牲民主與平等，將權力集中於一個領袖，依靠少數精英，掌握國家的資源和政策，才能保障經濟的穩定發展。但另一位學生反駁道，亨廷頓那本書是根據他對拉丁美洲國家的研究，在1969年寫的，那時第三波民主化浪潮尚未開始，那些拉美國家普遍缺少保障秩序穩定的政治結構，如書中所說：「一營士兵，兩輛坦克，半打上校就可以推翻政府。」然而共產國家完全不同，亨廷頓在書中也有提到：「共產主義政府雖然在各方面不見得比自由政府更有辦法，但是他們能做到的一點是提供有效的權威。他們的政黨組織提供了制度化的政治結構來動員支持和執行政策。沒有任何一個共產黨國家在現代化進程中被一次軍事政變推翻過。」我從旁聽了片刻，察覺這股主張專制獨

裁、犧牲民主平等的「新權威主義」之風，似乎在太平洋兩邊方興未艾，恐怕不是一個好兆頭。我也發現一些「新權威主義」的鼓吹者，喜歡拿台灣和蔣經國做「樣板」，激起了我研究台灣和蔣經國的興趣。

我在哥大交的第一個台灣朋友是杜念中，他是哥大東亞所的博士研究生，又是《中國時報》的駐美特派員。他為人謙和誠懇、勤奮好學，一面做博士研究(黎安友是他的博士論文導師)，同時還辦著兩份很有影響力的華文刊物《知識分子》和《美洲時報週刊》。他是主動通過小青找我的，可以說是「一見如故」。第一次見面，他說讀過我在中國時寫的文章〈從人的異化到人的解放〉，同他正在研究的「亞細亞生產方式」有關聯，所以很想同我一起探討。我告訴他我對台灣的所謂「四小龍發展模式」(台灣、韓國、新加坡、香港)和蔣經國的角色不大明瞭，正想請教他；於是杜念中就成了幫助我認識台灣的第一個老師。

我問他：中國有一種流行觀點，認為台灣的發展，應歸功於「乾綱獨斷」的專制獨裁政治，稱之謂「新權威主義」或「蔣經國模式」，其「精髓」為「專制政治與自由經濟的調情」或「蜜月」，台灣真的有這種「蔣經國模式」嗎？

杜念中的看法是否定的。他認為蔣經國並沒有設計過什麼「專制政治與自由經濟共度蜜月」的統治模式，蔣經國晚年從專制政治到解除戒嚴的轉變，是迫於形勢，照他自己的說法是「時代在變，環境在變，潮流也在變」，他

應該是看到全球自由民主潮流來到台灣海峽了吧？那時台灣的黨外反對運動聲勢愈來愈強，美國雷根總統派李潔明來，也很關注台灣的民主人權。台灣的國民黨黨國戒嚴體制，已無法照舊統治下去，不能不變了。蔣經國是在這種內外形勢下被迫做出選擇，他還特意選擇在會見《華盛頓郵報》董事長凱薩琳・葛萊漢姆(Katherine C. Graham)時宣佈「台灣政府將取消戒嚴」。那一天是1986年10月7日，民主進步黨在圓山飯店宣佈成立後的第九天。美國《華盛頓郵報》10月8日以頭版頭條刊出蔣經國宣佈解除戒嚴的消息，讓全世界都知道。

「所以這不是按照新權威主義事先設計的藍圖行事，而是讓新老權威都措手不及的一個突然襲擊。」我插了一句。杜念中接著說：「是啊！當時連坐在蔣經國身旁做翻譯的馬英九都吃了一驚。」

看來蔣經國和鄧小平這對莫斯科同學，對現實政治一樣敏感，然而所採取的因應戰略剛好相反。鄧小平警覺到全球自由民主浪潮來襲之時，採取堅決抵制的「反自由化」戰略。同樣感受到自由民主浪潮來襲之時，蔣經國選擇的是順應歷史潮流和民眾意志，捨棄專制獨裁，讓台灣融入全球第三波民主化的進程。

那天我的「紙袋午餐」演講，就設定在自由民主vs.專制獨裁這個「十字路口」。我認為中國改革的困境，表面看是經濟問題，實質上是政治問題。中國正處於向自由民主的現代國家之路前進，還是拐回專制獨裁老路

的關鍵時刻。我說，在中國歷史上，背離了自由民主價值，任何改革都會異化。三民主義異化爲半法西斯半封建的蔣介石主義；新民主主義異化爲「馬克思加秦始皇」的毛澤東主義。1987年1月，胡耀邦下台以來鄧小平的「反自由化」戰略，不僅終止了政治領域的民主改革進程，同時打擊了經濟領域的市場化改革進程。今日中國的「市場經濟」，已異化爲黨國特權官僚集團的寄生經濟。而當前正在興起的「新權威主義」思潮，卻顛倒事實，認爲「改革的阻力是工人、農民」，是「中國人民太落後」。他們主張中國的現代化，只能依靠少數「知識精英」去輔佐一名「權力高度集中的英明領袖」，才能成功。這是一種危險的，同全球自由民主浪潮對立的思潮，嚴重背離中國改革的歷史和現實。回顧十年改革(1978年至1988年)的歷史，中國改革首先從貧窮落後的農村突破，正是因爲那裡的教條主義和黨國官僚體制相對薄弱。中共十一屆三中全會沒有爲農村改革做出「設計」，只是在政治上「鬆綁」，還給了農民那點本來屬於他們自己發展自身經濟力量的自由自主權利；農村改革的一切「設計」，都是獲得了那點自由自主權利的農民自己創造的。然而，城市的工人、知識份子，至今沒有獲得那樣的自由自主權利，他們的智慧和創造力被鄧小平的「反自由化」戰略和舊制度的鎖鏈鎖住了。正是在「反自由化」的專制權威陰影下，中國歷史上反覆出現的腐朽權力與不平等市場相結合的官僚寄生經濟又出現了。當今盛行的「官倒」經濟，正是「中國特色」

的官僚特權寄生經濟。從根本上解決「官倒」，必須回到政治制度改革，眞正形成自由自主勞動的生產者和自由自主經營的企業家都能平等參與競爭的市場經濟。我說：經濟改革與政治改革必須結合不能「分離」，渡過當前改革困境不需要「獨裁者」，以所謂「開明專制」對付「愚民」是開錯了藥方。人民並不反對改革，人民抵制的是反自由、反民主，腐敗特權與不平等半市場經濟共渡「蜜月」的假改革的寄生蟲。只有走自由民主之路，才能消滅寄生蟲，保障勞動者、經營者的自由自主權利，在中國現代化進程中充分發揮每一個人的生命力和創造力。

　　我事先寫好講稿，投到紐約的華文報紙《華僑日報》發表，在文末註明「寫於海口」。這是一個被迫的謊言，藉以讓北京當局以爲我仍在海南工作。當時黎安友教授正在幫我辦理邀請若瑛來美的手續，爲了能安全出境，若瑛準備先以探親名義到海南，通過我在海南工作的公司幫助辦理護照和簽證；因此不能讓北京知道我已到美國，以防王震橫加阻撓。

3 蘇聯一瞥

　　聖誕節前，黎安友教授告訴我，魯斯基金會鼓勵魯斯學者出國旅行考察，由基金會支付機票費用；我的J-1簽證可以兩次入境美國，所以不需要在國外另辦入境簽證手續。他問我要不要利用假期到別的國家看看？我的第一個念頭就是去莫斯科，一是因為蘇聯這些日子變化很大，想去實地體驗一番；二是有位在《華僑日報》工作的朋友李春光告訴我，自1988年11月開始，持有中國護照的旅行者入境蘇聯不需要簽證。我本想約他同去，他說報社這段時間工作忙離不開，我只好購了一張蘇聯航空公司往返莫斯科的機票，獨自出發了。

　　未料到在紐約甘迺迪機場交驗護照和機票時被卡住，驗票員請來一位蘇聯領事，對我說：「沒有蘇聯駐華盛頓大使館領事處的簽證，不能去莫斯科。」我告訴他蘇聯政府有新規定，中國公民到蘇聯旅行不需要簽證。他說：「這個我不知道，我只知道沒有簽證不得放行。」說得斬釘截鐵。幸而我購買機票時多了個心眼，向航空公司的蘇聯小姐借閱了那本英文版旅行信息手冊，把第355頁上寫明中國公民進入蘇聯國境不需要簽證的條款抄了下來，這時就拿出抄件同領事爭論。領事看到真憑實據，口氣緩和

下來說：「請稍等片刻，我立即通過電腦向華盛頓蘇聯大使館核查，問題會及時解決的。」

等了大約15分鐘，這位蘇聯領事笑嘻嘻地過來說：「OK，祝你旅行愉快！你是第一個不用簽證從美國去莫斯科的中國公民。」我說：「這要感謝戈巴契夫的Glasnost，他會使更多中國公民來麻煩你的。」蘇聯領事聽了大笑：「哈哈！下次我不會麻煩了。我要說，歡迎你們去莫斯科，不用簽證。」

飛機抵達莫斯科機場時，天空下著小雪，但雪花飄到地面立即化成了水，隆冬的莫斯科竟不結冰。我身穿離開紐約時的薄呢大衣，一點也不覺得冷。這是我第一次到蘇聯，心中很想觀賞那些享有歷史盛名的大劇院、博物館、教堂，以及古典歌劇、芭蕾舞的演出。但由於時間只有短短一週，恐怕只能把眼光放到活躍在今天「公開性」舞台上的莫斯科人身上了。

「你認為今日蘇聯最重要的變化是什麼？」對於我的這個提問，無論是與蘇聯學者們討論、同留蘇學生的自由交談，或者向普希金廣場上不相識的青年詢問，幾乎眾口一詞的回答是「Glasnost」，譯成華文是「公開性」。但我感覺在莫斯科人的意識中，其含義更為豐富。在普希金廣場遇到的一位電影界青年熱尼亞對我說：「Glasnost意味著一切！它結束了一個舊時代，包括史達林的恐怖時期和勃列日涅夫的停滯時期。」熱尼亞接著說：「最可怕的，是精神上的暴力，專制，壓迫；蘇聯人終於擺脫了

它！這就是Glasnost的力量！」經過交談與觀察，我了解
到Glasnost對於蘇聯人的重要意義，在於告別了一個沉重
的、陰暗的、囚禁於精神枷鎖之中的舊時代，進入精神自
由的新時代。身在週末的普希金廣場上，使我聯想起十
年前的北京西單廣場，那時在那裡也能感受到類似這種
Glasnost的空氣。隨著毛澤東去世，他所建構起來的奴役
壓迫制度鬆動了，人民不再沉默恐懼，自由之聲一度響徹
廣場。然而，形勢迅速逆轉，經過一場越南戰爭，中國又
造就出一個「新權威」、新的獨裁者鄧小平。他舉起「反
自由化」的鐵掃帚掃蕩自由之聲，中國人剛告別毛澤東的
舊地獄，又進了鄧小平的新地獄。我不禁陷入沉思，蘇聯
會不會重蹈當年中國的覆轍？

今天走在 Glasnost前列的是蘇聯知識界，尤其是新聞
界和藝術文化界。我一到莫斯科，想去買在紐約很出名的
《莫斯科新聞》，結果碰了釘子。原來這裡買報，清早起
來去排隊還未必搶得到手；我到報亭時，所有報紙都已賣
光。聽新聞界朋友介紹才知道，「公開性」以來，蘇聯報
刊銷量激增，紙張緊缺，報紙供不應求。新聞界朋友提供
的數據如下：

莫斯科最受歡迎的報紙《證據與事實》，發行量
20,050萬份。

其次是《勞動報》，1,900萬份。以下是：

《女工報》和《農婦報》，各1,800萬份。

《共青團真理報》，1,700萬份。

《消息報》，1,100萬份。

《文學報》，700萬份。

《蘇維埃俄羅斯報》，500萬份。

《真理報》的發行量是下降的，在1,000萬份以下，人們認為主編阿法那西夫太保守。

《莫斯科新聞》的主要對象是外國人，供應的紙張僅能印25萬份，極難買到，連外國記者也常常得不到。

報紙發行量激增說明一個問題，所謂「戈巴契夫唯一盟友是知識份子，工農不關心改革」的判斷是錯誤的。蘇聯的工農、青年、婦女，從來沒有像今天這樣喜歡看報，這正是表明他們關心改革的「證據與事實」。

新聞界朋友說，蘇聯報紙現在基本上沒有禁區，外交、軍事、內務部、克格勃這些過去令人望而卻步的領域，現在新聞界都可以闖入，進行報導和批評。蘇聯軍隊在阿富汗遭到挫折、死亡，以至對阿富汗人民的殺戮，都見諸報端。《文學報》發表過專文報導蘇聯的黑社會和賣淫問題，揭露出蘇聯二百多個黑社會集團，有三分之一與政府當局有勾結。報導中分析蘇聯的妓女有四等，頭等是外匯女郎，二等是職業女郎，三等是長途女郎，末等是流浪女。一個妓女從頭等下降到末等是兩年到十年。新聞界朋友認為只有敢於正視和揭露蘇聯社會的黑暗，才能動員輿論和促進立法驅除黑暗。一位電影導演阿布拉澤說：「改革的實質就是要睜眼看現實，就是要同謊言做鬥爭。許多社會弊病就是由謊言、奴隸主義、官僚主義造成的，

藝術家要面對眞理，無論眞理是多麼苦澀。」蘇聯知識份子爲「公開性」而吶喊的意義，恐怕就在這裡吧？

　　還有蘇聯社會上流行的政治笑話的變遷，也足以表明人心的變化。史達林時代人們不敢講笑話。赫魯雪夫和勃列日涅夫時代的笑話，多半諷刺領導人的昏庸。有個笑話說：勃列日涅夫走在路上，有人指出他腳上穿的兩隻鞋不一樣，勃列日涅夫說他回家去換；不久從家裡走回來還是原樣，問他怎麼啦？勃列日涅夫說：「家裡那兩隻也不一樣。」現在的笑話，多半諷刺經濟生活。一個笑話說：一條蘇聯狗和一條捷克狗在邊界相遇，蘇聯狗問捷克狗：「你去那邊找什麼？」捷克狗回答：「我想去汪汪幾聲！你去我那邊找什麼？」蘇聯狗回答：「找點肉吃唄！」還有個笑話說，副食品商店櫃台前排了長隊，輪到一位婦女，問她買什麼？回答是「螃蟹罐頭」。營業員搖搖頭：「妳記性眞好！」後面一位老太太問：「有魚子醬嗎？」營業員驚呼：「妳神經有點毛病了吧？」這些笑話說明他們對改革的不滿和期待，人們不但需要精神自由，還需要一個豐富的商品市場。

　　走在莫斯科暖冬化了凍的泥濘街道上，到處可以看到人們在各種店舖外排起長隊，他們在買什麼呢？我逛過莫斯科的服裝店，那裡進口服裝不少，東德的西裝、羅馬尼亞的大衣、朝鮮的襯衫，商品不說十分豐富，也算琳瑯滿目，價錢便宜，顧客也不擁擠，可以很方便地自由挑選試穿。有一回，忽然看到排起了兩行隊伍；我有點好奇，走

近去看個究竟。原來那長的一隊，是買美國牛仔褲，每條135盧布，比一套東德進口的毛料西裝(120盧布)還貴，但大家搶著買。另一隊稍短的，是買中國襯衫，每件14盧布，比4、5盧布一件的朝鮮襯衫貴很多，也是搶著買。很快地，兩樣東西搶購完畢，隊伍立即消失。看來基本生活必需品的供應，在莫斯科還是可以的；市場上進口貨也不少，埃及的橘子、匈牙利的蘋果，到處都有。但莫斯科人有了新的生活追求，只要有義大利靴子、美國牛仔褲、精緻的首飾、化妝品，再貴也排隊一搶而光。

　　當談到經濟改革時，蘇聯學者們承認蘇聯市場化不及中國，他們羨慕中國的農村市場。蘇聯科學院東方研究所中國思想文化研究室主任傑柳辛教授說：「蘇聯的市場化比中國困難，中國經過文化大革命，農村的官僚體制鬆弛了，中國農民沒有忘記種地、做生意；十一屆三中全會一開放，農村市場和鄉鎮企業一下子就興旺起來。蘇聯集體農莊的官僚統治根深蒂固，而且這麼多年，農民已經忘記怎麼種地、做生意了。」我不以為然，對他說：「我去莫斯科的自由市場，那裡的農婦多會做生意，種的蔬菜多漂亮！關鍵還在改變違背市場經濟的舊制度。」我的看法是，打破蘇聯那套違背市場經濟的舊經濟制度，要靠兩個力量：一個是政治生活的民主化，這一點蘇聯進步相當快；再一個是向全球市場開放，這點蘇聯還差得遠。中國的十年改革，一頭是農村推動，一頭是對外開放推動，正如老百姓所說「一靠老鄉，二靠老外」。中國缺少的是政

治生活民主化，今天終於進入困境。蘇聯的政治生活民主
化已遠遠走在中國前頭，但缺少一個對外開放的推動，所
以對舊體制的壓力還不夠大。當國內市場同全球市場連接
到一起時，違背市場經濟的那套價格、匯率、產權等舊制
度，自然被迫非改不可。

在蘇聯科學院東方研究所訪問時，我提到一個問題，
中國近來興起一種「新權威主義」思潮，留美中國學生中
也有反映。他們認為東亞四小龍、智利皮諾切特(Augusto
Pinochet)，甚至英國、日本，都是靠專制君主或軍事獨裁
實現現代化的，有人說戈巴契夫也是靠個人權威，是新權
威主義者，你們怎麼看？傑柳辛教授聽了表示訝異，他
說：「我們這裡恐怕只有史達林主義者才這樣主張，沙皇
的權威、史達林的權威，已經卡到了我們的脖子，我們不
需要再來一個新的個人權威了。任何個人如果被賦予凌駕
於民主與法律之上的權威，好人也會變質。對戈巴契夫，
我們也只能按照法律，最多選他連任兩屆人民代表大會主
席，那時他六十多歲，也必須下來。」

然後他反問我：你們的鄧小平在1980年說得很好，
「重要的是制度不是人，沒有制度的保障，再英明的領袖
也會重犯自己指出過的錯誤。」他向義大利記者法拉奇表
示，中國要實行比西方民主制度更徹底的民主。但去年
(1988年)鄧小平接見波蘭總統雅羅澤爾斯基時，反對三權分
立的西方民主制度，說「那個東西實行起來很麻煩，討論
來討論去做不了決定，不如我們決定事情方便。」這個變

化是不是說明中國從主張建立民主制度，轉到主張權威主
義？

　　我說：鄧小平早在1980年12月中央工作會議上就倒退
了，離他講「黨和國家領導制度改革」才3個多月；就是
因爲他當時看到波蘭團結工會起來，害怕這股自由民主浪
潮衝擊到中國，開始「反自由化」。鄧小平現在已經是
「老權威」了，當今主張「新權威主義」的是一批年輕
人，他們引證的「權威」不是鄧小平，而是哈佛大學教授
亨廷頓。但亨廷頓認爲，這些中國「新權威主義」者，要
麼是不懂他的理論，要麼是故意曲解。

　　在莫斯科，也不乏對戈巴契夫改革的悲觀看法。我遇
到一位在蘇聯學習經濟的中國留學生，他說：「戈巴契
夫的威信大概還可以維持3年；如果3年蘇聯經濟改善不
了，人民得不到改革的實惠，戈巴契夫的地位就會發生問
題。」

　　「那麼，你認爲3年之內蘇聯經濟改革能否收到實
效？」我問他。

　　「不可能。」他回答。

　　還有一位學者談到，蘇聯的民族矛盾上升，已對改革
構成威脅。他說，戈巴契夫正處在兩團火中間，一方面，
改革與「公開性」使過去潛伏著的民族主義火種重新燃燒
起來，愈來愈威脅到蘇聯的穩定與統一；另一方面，民族
矛盾又給保守勢力提供反對改革的藉口。

　　但我接觸到的學者和青年，大多數對未來抱謹愼的樂

觀態度。他們不認爲蘇聯的經濟改革會輕易見效；也不認
爲人民會因缺乏耐心等待改革成果而讓保守勢力把蘇聯拉
回到過去。

　　一週時間對於認識這個巨大國家的巨大變化來說，是
太短促了。然而，我確實看到了人們心中的希望之光，正
在這片世界最遼闊的大地上升起。我期待著不但中國公
民，當世界各國公民去莫斯科都不用簽證的自由開放時代
到來時，她將更加美麗而富饒。

4 哈佛演講

　　從莫斯科回到紐約，我接到Andrew Walder[1]來信，邀我3月初去哈佛大學費正清中心作一次演講；他對我在哥大講的感興趣，問可否仍以「中國改革的十字路口」爲講題？我告訴他，根據最近形勢的發展，我想把講題改爲「中國改革困境與新權威主義」，針對性更爲明確。

　　這是由於我看到1988年底和1989年初這段時間，從北京到美國，「新權威主義」這股風愈吹愈烈，他們的主張，早已跨過「十字路口」，把民主憲政之路遠遠拋在身後，準備在專制獨裁的窄巷中展開一場新老權威之間的肉搏了。據《世界經濟導報》駐北京記者張偉國報導：「去年(1988年)底以來，新權威主義思潮似一陣旋風，迴盪在古老京都的上空；近日接連舉行研討會，新權威主義理論得到進一步的澄清和發展。」

　　古老京都：看起來像是在說日本的京都！有沒有其他可以形容古老北京的名詞？台灣人大部份對京都的聯想就是日本。

　　1989年2月22日，美國《基督教科學箴言報有》如下

1　1989年和1992年至1993年間邀請我到哈佛大學演講，進行學術研究的教授。我離開哈佛回到普林斯頓不久，他也離開哈佛到斯坦福大學任教。

一則引人矚目的報導：

> （《基督教科學箴言報》2月22日訊）「新權威主義」的一位支持者、《人民日報》評論員吳國光説：「人民對於國家失去控制感到強烈不滿，而去年底，國家非常明顯地面臨信心危機。信心危機意味著改革有麻煩，因為，我們依靠黨和國家推進改革，在這種形勢之下，我們必須強化黨和國家的權威。中國必須儘快指定一個接班人，接掌鄧小平的政治及軍事權力，防止一場可能引發災難的接班危機。」

讀了這條消息，我的直覺是中國又要遇到麻煩了。「新權威主義」者的矛頭，已不僅指向自由民主派和廣大工農民眾，而且直接指向了「老權威」，要「老權威」儘快交出政治及軍事權力。當年胡耀邦並沒有想當「接班人」，只是贊成自己同鄧小平一起退下，給年輕人開路，還得罪了一大幫不想退的老人，被逼辭職下台。這回「新權威」公開宣佈，要「接掌鄧小平的政治及軍事權力」，恐怕犯了兵家大忌；鄧小平周圍的老人和謀士，不可能不利用這個機會，為維護自身的權力，同向他們挑戰的「新權威」開戰。我擔憂中國□□(有沒有形容詞可以對比新老權威?)的前途命運，可能再度斷送於新老權威的肉搏之中。

我到哈佛這已是第二回了。前一回是十年前(1979年5月)，參與中美建交後第一個科學家代表團訪美，到了波

士頓，在哈佛大學與美國的學者會晤。給我留下的印象，是美國大學的自由開放，這裡有來自世界各大洲的留學生和學者。對於來自貧窮國家的學生，學校設有獎學金，包括學費和生活費用，用以獎勵成績優秀的外國留學生。申請不到全額獎學金的，可以幫教授打工如搜尋研究資料之類，賺取生活費，每週不超過20小時。寒暑假可以在校外打工，對勤奮的學生來說，即使家庭貧困，也可以完全靠自己的努力完成學業。看起來，是哈佛造福了國際學生，事實上，是為美國自己網羅了全球的優秀人才，成為美國國家力量不斷增長的源頭。然而在那時，哈佛沒有一個留學生來自中國；學校設立的全額獎學金，也沒有接到過任何一個中國學生來申請。我說，那不是中國學生不願來，而是中國政府沒有解除管制，他們來不了，情況很快就會改變。

十年後確實情況完全改觀，中國留學生已遍佈美國。我來哈佛演講，Andrew Walder就請了一位中國留學生、亨廷頓教授指導的博士研究生裴敏欣擔任我的翻譯。裴敏欣告訴我，他曾同亨廷頓談到，中國的「新權威主義」者視他的這位導師為主張在發展中國家適用新權威主義的理論權威。他問亨廷頓對此有何需要澄清之處？

亨廷頓回答：政治制度的三大類別(民主、權威主義、極權主義)，民主制度相對於其他更為理想；因為它保護個人權利，提供了一個環境，使我們通過個人努力促進經濟發展；同時提供了一種機制，能夠糾正社會中存在的各種弊

端，使政府對人民的意願負責。一個權威主義政權只能在
短暫的時間裡促進經濟發展，許多權威主義政權下的經濟
發展是很可悲的，在拉丁美洲，許多權威主義政權推行了
災難性的經濟政策；在非洲，幾乎所有的權威主義國家實
際上發生了經濟倒退；在中東和其他地區的權威主義政權
也混得不好。所以，無論是權威主義或民主政治制度，要
在經濟上取得成功，都需要一套特殊條件。

　　亨廷頓的看法表明，這股從中國興起的「新權威主
義」之風，它的論述與例證都缺乏根據，與其說一種「理
論」，還不如說是一種權謀，而且並不高明。因為它違背
歷史潮流，雙向樹敵，只能讓自己陷於孤立境地，它的失
敗是必然的。

　　我在哈佛待了兩天，除了3月6日中午在Coolidge Hall
一樓 Fairbank中心的演講之外，Andrew Walder 給我安
排了與好幾位教授的單獨會見，包括當時的中心主任
Friedrik MacFarquhar教授、Merle Goldman教授、Benjamin
Schuwartz教授等。Andy[2]的意思是讓他們對我這個人有所
了解，好幫助他實現邀請我來哈佛待一年的計劃。6日晚
我就住在Andy的家。他的家是Cambridge一座英國式古老
宅邸，已有一百多年歷史，那種堅實的磚石結構和寬敞的
空間設計，讓人一進入就有開闊舒坦之感。Andy還邀約
幾位朋友辦了個小小的Party，先是喝飯前酒，Andy的夫

2　Andrew的暱稱，大家平時都叫他Andy。他有一個中文名字叫「魏昂德」是Walder的
　諧音。

人Jean Oi教授端來多種小吃。我最愛吃的是一種煙燻牡蠣，味道鮮美，過去從未吃到過。我還問Jean在哪裡買？買時怎麼稱謂？但我在紐約從未找到，後來也就忘了。

晚餐後，又喝飯後酒，是一種粉紅色的葡萄酒，比飯前的白葡萄酒和餐桌上的紅葡萄酒更清淡些，大家邊喝邊談。Jean Oi與我談話時，我對她的姓氏感到好奇。她是華裔美國教授，會講一口流利的廣東腔北京話，但她為什麼姓Oi呢？我的疑問，引發她講出一段當年的移民故事。Jean隨父母從中國廣東渡海移民美國時，還是個嬰兒；他們進了紐約港，待在Elis島上等候辦理移民手續。輪到Jean一家人時，移民官照例要查問姓名，Jean的父親回答姓「戴」。移民官沒有聽清，遞給他一片紙，要他寫下來，他寫下了「戴」的廣東發音「Di」。不知道是Jean的父親寫下的字跡不夠清晰，還是移民官眼花沒有看清，在戴家的姓氏欄寫下「Oi」。所以從入境美國那一天起，戴家就成了「Oi」家，Jean Di 也就成了Jean Oi。

我在哈佛演講是3月6日，後來看到中國通訊社發自北京的報導，得悉就在我演講同一天，趙紫陽向鄧小平報告工作時談到了「新權威主義」。他說國際上有一種「新權威主義」理論，現在國內理論界正在討論，這個理論的要點是，在落後的國家實現現代化要有一個過程，在這個過程中，需要權威的強人政治作為推動力，而不能採用西方民主。鄧小平聽了回應道：「我就是這個主張！」但鄧小平對「新權威主義」的「提法」有保留，他說：「具體的

提法可以再斟酌，再考慮。」鄧小平的意思很明白：這個
理論不新鮮，我早已這樣做了，一手對內反自由化，一手
對外開放，與毛澤東全封閉的鎖國路線不同，我就是「新
權威」！鄧小平實際上給趙紫陽碰了個軟釘子，不贊成用
「新權威主義」這個「提法」。中國兩個最高領導人之間
關於「新權威主義」這場對話的消息，由中國通訊社從北
京發到香港和國際，顯得頗不尋常，立即引起海外媒體
的注意。紐約的《華僑日報》以頭版頭條3行大字標題登
出：

鄧小平談新權威主義
落後國家現代化需強人政治
無法以西式民主做為推動力

　　台灣媒體也注意到了這一不同尋常的信號，杜念中要
去我在哈佛費正清中心的講稿，傳送給台灣的《中國時
報》發表(見附錄〈中國改革困境與「新權威主義」〉一文)。
　　形勢的發展令人擔憂。1989年是中國學生和知識分子
倡導「科學與民主」的「五四」運動70週年，又是法國大
革命200週年。全球第三波民主化浪潮已經衝擊到共產極
權制度的高牆。中國的大學生、思想理論界、文化藝術
界、科技教育界、新聞出版界，還有部分企業界，也在醞
釀推動中國自由民主人權進步的政治改革。鄧小平和他身
邊那群反改革的老人和謀士，照鄧小平自己的話來說，早

在準備打一場「反和平演變的無硝煙世界大戰」了。這時
候趙紫陽和他的謀士們打出「新權威主義」這張牌，既違
背自由民主的歷史潮流，又惹惱了「老權威」，顯然是導
致自我孤立的錯誤策略。

　　他們爲趙紫陽設計的權力結構，只有一個領袖，一群
與領袖默契的「權力精英」。吳稼祥在一篇模仿「共產黨
宣言」筆調寫成的〈新權威主義述評〉中寫道：

　　　　新權威主義強調的不是政體而是領袖。新權威主義
　　不僅強調領袖人物，還強調與領袖配合默契的決策集
　　團，強調英明的見解、果斷的行動、排除任何障礙的
　　力量以及高超的應變能力。事實上領導一個國家順利
　　實現現代化的偉大領袖人物的產生方式是多種多樣
　　的，有選舉的，也有繼承的，有任命的，也有政變上
　　台的，從世界近現代史上我們都可以找到相應的例
　　證。

　　還有一篇〈建立硬政府，軟經濟的發展模式〉（發表
於1989年1月30日《世界經濟導報》），主張人均國民生產總值
3,000至4,000美元的發展階段，「必須政治權力集中，經
濟權力分散；即少數精英分子居於領導地位，代表多數民
眾的利益，把握國家方向。」他們勾劃出這樣一幅圖景：
一個「英明領袖」，一批與英明領袖「配合默契」的「權
力精英」，由他們專制獨裁到下世紀中葉，驅使中國人

民再忍受半個多世紀的奴役，然後還政於民。這其實也「新」不到哪裡去，鄧小平1986年說「反自由化70年」，不也是反到21世紀中葉嗎？

中國新權威主義的要害，一個是政治與經濟的對立，一個是精英與民眾的分裂。

中國改革初期提出「以經濟建設為中心」與「生產力標準」，取代毛澤東時代的「以階級鬥爭為綱」與「不斷革命」，曾經一度得到民眾支持。然而當人們在經濟領域掙脫國家的奴隸鎖鏈成為獨立個體的人，當然也需要在思想政治、藝術文化與其他領域擺脫專制制度的鎖鏈。人們要求政治上民主參與、思想言論上自由表達、藝術文化上自由發展等等，但「新權威主義」者卻主張在政治思想藝術文化領域推行「反自由化」的封閉統治，與經濟領域的開放形成尖銳對立。這是第一種衝突。

「新權威主義」者強調所謂「精英政治」。這種「權力精英」不是遵循平等競爭原則由民眾選擇產生，而是由獨裁者私封的專制制度的附庸。這種脫離制度與民眾監督的政治權力精英與經濟領域中的「官倒」相結合，是中國特權政治與特權經濟結合的社會基礎，是產生官僚貪瀆腐敗的制度根源。1987年胡耀邦下台後，「新權威主義」者曾公開為「官倒」和腐敗辯護。在全國下達的一份中央文件裡，「官倒」被美化為「促進中國商品經濟的加速劑」；文件提出「不得歧視」那些搞「官倒」的高級幹部子女，「不應對他們先富起來患紅眼病」。這樣為「官

倒」大開綠燈，使腐敗現象惡性膨脹，引起民眾痛恨。這是第二種衝突。

那麼「新權威主義」的精英們究竟要如何實現自己的目標？

他們和他們的「偉大領袖」的權力從何而來呢？既不要人民授予，又不依制度程序，只是等待著「繼承」、「任命」、「政變」那樣的「產生方式」嗎？那麼又由誰和如何來實現「繼承」、「任命」、「政變」的「產生方式」呢？這一切都十分模糊，唯一清楚的，是「新權威」、「新領袖」向「老權威」、「老領袖」發出了準備「繼承」的信號。那麼，除了引起不願交出權力的「老權威」、「老領袖」的警覺，營造這種「新權威」的聲勢又有什麼意義呢？

可悲的是，「新權威主義」的策略家們競相把矛頭指向他們心目中的「庸眾」；卻完全無視背後正把利箭瞄準他們「偉大領袖」的「老權威」們。新老權威正在準備的這一場權力之爭，將把中國推進一場新的災難。

5 星的隕滅

1989年4月15日，一顆自由之星在東方隕滅。那天我正在紐約參加一場紀念中國「五四」運動70週年的研討會。在會議進行中途，也是會議參加者的《中國時報》駐美特派員杜念中走出會場，又匆忙返回，向大家宣佈一個消息：

胡耀邦心臟病突發去世

接著杜念中建議會議休息片刻，他受《中國時報》社委託，需要訪問在場幾位與胡耀邦有過接觸的學者。記得他訪問的有王若水、劉賓雁和我，那天我講了什麼已經忘卻。保存下來的，只有後來印成書的在哈佛第二次演講中的一句話：

> 他逝世時，我在哥倫比亞大學講過，胡耀邦屬於黨內改革力量的主要代表，也是中國共產黨歷史上懷抱自由民主理想的知識分子代表中，上升到最高領導層的最後一顆隕落的星辰。

　　我認識胡耀邦，是他從四川調到北京的1952年。那時他37歲，我21歲；他是新上任的團中央第一書記，我是將下任的燕京大學團委書記。原來我們互不相識，他知道燕京大學已被宣佈死亡，我將不會是他的下級，爲何在我離開青年團之前找我會面？是接見？還是惜別？我感到意外，也未去深究。回想起來，似非接見，也非惜別，像是並非初次會面的朋友之間隨意談談，彼此恐怕也都留下了印象，所以才有許多年後找我去幫他工作的那段遭遇。

　　在我接觸過的中國領導人中，有自由思想和獨立精神的，唯有胡耀邦。陶鑄雖爲人眞誠，也有智慧和獨立見解，敢於堅持己見。他敢當面同江青鬥，比周恩來強得多了；然而他未能破除對毛澤東的迷信，講過「相信毛澤東，要相信到迷信的程度」。胡耀邦最獨特的個性，就是自由自主精神，不迷信任何個人和教條；這當然同他博覽群書、獨立思考分不開，然而在中國鮮少有人眞正了解他。

　　胡耀邦逝世時，北京有過一場頗爲別致的爭論。胡耀邦生前的朋友于光遠等，去同鄧小平爭論，要頒給胡耀邦一個「偉大的馬克思主義者」稱號並寫進悼詞，結果遭到鄧小平拒絕。鄧小平說：「什麼偉大馬克思主義者？我都不夠格！」若是胡耀邦看到這一幕，恐怕要啼笑皆非。胡耀邦不迷信毛澤東，也不迷信馬克思、列寧。他常說：「馬克思沒有見過汽車，列寧沒有見過高速公路，時代在進步，理論必須走在實踐前面才能指導實踐。」他在中央

黨校辦「理論研究室」，辦「理論動態」；他反對兩個「凡是」，發動「實踐是檢驗眞理的唯一標準」和「生產目的」討論，提出「人的解放」等等，都是爲了破除對任何個人和教條的迷信。于光遠自己可以去同鄧小平爭「偉大的馬克思主義者」稱號，替胡耀邦去爭實在多此一舉。胡耀邦的「實踐」，早已超越馬克思、毛澤東，更不必提鄧小平了。

　　胡耀邦的一生，是追求「人的解放」的一生，也就是尋找「每個人的自由是一切人的自由的條件」的一生。然而他的性格上有一個矛盾，就是自由與紀律的搏鬥。當他的自由思想和獨立精神同「大人物」的荒謬主張衝突時，他難免委屈求全，放棄己見，被迫服從「黨的紀律」。共產黨所謂「鐵的紀律」，是天下最虛僞的整人工具，也就是含在黨內「大人物」、黨的「領袖」嘴裡的「天憲」。面對這種「口含天憲」和「鐵的紀律」，胡耀邦難免會違背他一貫的眞誠勇敢性格，退卻下來，甚至不惜講一點「違心之言」。他對我說，中共八屆十二中全會開除劉少奇黨籍，表決時不舉手的只有陳少敏一個，他欽佩這位大姐，而自己還是違心地舉了手。

　　他一生4次被專政派整到生死關頭，1930年代被打成AB團幾乎遭槍殺，是馮文彬、顧作霖救了他一命。1965年胡耀邦在陝西，遭那位1959年送「機關槍和迫擊砲」到廬山、助毛澤東整彭德懷的專政派大將劉瀾濤鬥到病危休克，被葉劍英硬帶上飛機才脫離險境。第三次是文革，共

青團第一書記胡耀邦首當其衝，遭全國紅衛兵盲目亂鬥。1987年「罷官」是第四次，也是對胡耀邦打擊最大的一次。看來鄧小平、陳雲們的整人手段，一點也不比毛澤東、江青、劉瀾濤們差。胡耀邦對我講過，毛澤東同他疏遠，是在1959年廬山會議之後，他從延安抗大開始接觸毛澤東，毛多次找他長談，他準備寫下來，作為歷史紀錄；廬山會議之後，毛再也沒有主動找他。這一點也不奇怪，胡耀邦的「機關槍和迫擊砲」，是專用於對付自由之敵的，絕不會送到廬山上幫毛澤東去對付自由戰士。胡耀邦一生4次挨整，都是為了堅持自由理想，挑戰濫用權力的專政派迫害無辜。

　　胡耀邦跨過了前三次生死關頭，專政派沒有整死他，讓他的自由思想和獨立精神於1977年到1987年的十年間，在中國大地上煥發出燦爛的光芒，推動了中國歷史的前進。他獲得人民的支持，同時讓虛偽、腐敗的專政派深感忌恨和恐懼；終於成為以鄧小平、陳雲為代表的中國宮廷專制政治的犧牲品。有的評論家認為，胡耀邦的真誠是他在中國政治鬥爭中失敗的原因，因為他不會運用中國傳統的「權術」。我卻認為中國傳統的「權術」政治，正需要胡耀邦這樣真誠的新政治家來改造，中國才能走向政治的民主化和現代化。事實上在胡耀邦掌握權力的年代，歷史曾經給予他改造中國政治的機會，他也曾經出色地運用過一段時間，後來卻無可挽回地喪失了。原因是多方面的，但是他自身的弱點也難辭其咎。他如果更警覺，更果決，

更加獨立地堅持應當堅持的原則，依靠民眾和黨內改革力
量的支持，去實現自己的目標，不惜挺身而出與虛偽、腐
朽的專政派決一勝負，倒未必一定失敗。

胡耀邦的自由自主思想，在1980年12月中共中央工作
會議之後，一直遭到專政派明槍暗箭的攻擊，時起時伏，
到1986年達到了高峰。原先主攻者是左翼專政派，攻擊他
縱容資產階級自由化；同時挑撥他和鄧小平的關係，指責
他不宣傳鄧小平，樹自己威信。鄧小平對胡耀邦逐漸失去
政治上的信任，已經把政治改革這項原本是總書記的職責
轉移給了總理趙紫陽。而趙紫陽手下的精英們善觀風向，
揣摩鄧小平的心意，提出了「政治與經濟分離」、「從全
能政治向半集權政治轉變」的所謂「新權威主義」。他
們是右翼專政派，被西方學者稱為「市場專政派」或「市
場史達林主義」(Market Stalinism)，以區別於左翼的「計劃
史達林主義」。胡耀邦對此曾經感到憂慮，他在各省、
市、自治區黨委書記座談會上說：

關於政治改革，現在議論紛紛，這個那個研究單
位，有些言論信口開河，抓住一個什麼外來學說，說
得天花亂墜。我不是要批評什麼人，按書記處分工，
這件事現在由紫陽同志負責，用大約一年時間將政治
體制改革的目的、方法等研究清楚，我估計明年5、6
月或7月初可以擬出一個文件。但我們還是要注意，
不要讓那些人到處造空氣，搞得人心不安。

胡耀邦心中明白，鄧小平把政治改革交給趙紫陽負責，是由於鄧小平對「政治改革」的想法，在1986年已經降低到堅持一黨專政下的行政改革，內容只有「黨政分開」、「權力下放」、「精簡機構」3條；同胡耀邦一貫主張的「民主與法治」，「政治生活民主化、經濟管理民主化、社會生活民主化」，「在法律面前人人平等，絕不允許有任何超越法律的特殊人物」等方向和內容完全不同。

胡耀邦也注意到趙紫陽手下研究班子中一些人「信口開河」，「到處製造空氣」。他指的就是「新權威主義」即「市場史達林主義」的鼓吹者。胡耀邦認為在左右兩翼專政派對峙的環境中，已難推進政治改革。因此他把自己的工作重心轉到起草〈精神文明建設指導方針的決議〉，打算提出一套正面的「指導方針」，防止左、右兩翼專政派「搞得人心不安」，阻撓中國的改革進程。

這個〈精神文明建設指導方針的決議〉，是胡耀邦一生政治生涯中完成的最後一件事。他試圖把自己的理想主義精神與實踐中的經驗教訓，傾注到這最後的文件之中。〈決議〉有一段精彩的文字：

> 在人類歷史上，在新興資產階級和勞動人民反對封建專制制度的鬥爭中，形成民主和自由、平等、博愛的觀念，是人類精神的一次大解放。

這是對人類普世價值「自由、民主、平等、博愛」的肯定，也是對「資產階級和勞動人民」共同「反對封建專制制度的鬥爭」的肯定，肯定這是「人類精神的大解放」。這段精彩的文字，每一個字都在挑戰「反對資產階級自由化」的專政派。

承認不承認自由、民主、平等、博愛的普世價值，這是胡耀邦同鄧小平和陳雲，同左、右兩翼專政派衝突的根源，這場衝突終於在十二屆六中全會通過〈精神文明決議〉時爆發。這次全會表面上通過了胡耀邦起草的〈決議〉，實際上通過的是鄧小平那個「反自由化要反20年」的綱領性發言，後來又追加到70年，一直反到21世紀中葉。鄧小平一面舉手贊成通過胡耀邦起草的〈決議〉，一面又代表專政派作了針鋒相對的發言，表面上針對陸定一，實際上針對胡耀邦。鄧小平的兩面手法，在此表演得淋漓盡致。專政派心領神會，攤牌時刻已到。

1986年9月28日，中共十二屆六中全會剛通過胡耀邦起草的〈精神文明決議〉，鄧小平於10月初就指定薄一波、楊尚昆、宋任窮、姚依林、王震、伍修權、高揚組成「七人小組」，分赴全國各地徵詢「有關中共十三大人事安排」和「對胡耀邦的意見」。這7個人都是堅決反對胡耀邦的左翼專政派，實際上是鄧小平派他們下去製造倒胡輿論。對此胡耀邦被蒙在鼓裡，一無所知。

另一方面，鄧小平找胡耀邦到他家中，兩人商量中共十三大人事安排。胡耀邦說：「我過70了，明年十三大一

定要退下來。」鄧小平說：「我、陳雲、先念都全下，你要下就半下，不再當總書記，再當一屆軍委主席或國家主席。」胡耀邦表示由衷贊成，認為這是給後代樹立一個典範，可以給未來做出榜樣。

胡耀邦把這個談話內容告訴了趙紫陽，他還說：「這樣安排，你當總書記。」趙說：「我雖比你小4歲(趙1919年生，胡1915年生)，是一個年齡樭樭的人吧？」胡耀邦說：「讓胡啓立馬上接還不行。」趙說：「能否十三大不設總書記，由常委輪流主持、值班。」胡耀邦說：「這個意見好。」

鄧小平、胡耀邦的談話傳開之後，使胡耀邦處於絕對孤立的境地。按照鄧小平、胡耀邦商議的格局，不但第二線的老人要同鄧小平一起完全退休；第一線與胡耀邦年歲相仿的像鄧力群、姚依林、宋平這些人也得退到第二線；黨政軍均照此辦理，多少老人和自以為年富力強的半老人將失去或削減權力！胡耀邦自然就成為眾矢之的。王震聞訊立即到中央黨校召開全校大會講話，他說：「現在有人要鄧小平同志下，我們老同志都反對，誰要小平同志下誰就是三種人！」[1]

這時恰好發生學生民主運動，鄧小平正惱火，大家都去煽火，煽得鄧小平動了心：「為什麼只有胡耀邦一個人贊成我下，他又不聽我的話，不反自由化，弄出學潮

1 王震說的「三種人」，指當時清查、打擊的對象，即文化大革命中的造反派頭頭、堅持鬧派性的骨幹分子和打砸搶分子。

來，這個人靠不住！」

1987年1月3日，鄧小平在家中，一個人踱來踱去，自言自語：「我沒有栽在四人幫手下，不要栽在胡耀邦手下。」

第二天，1月4日，星期天。鄧小平把趙紫陽、彭眞、楊尚昆、薄一波、王震找到家裡，決定罷黜胡耀邦。這就是所謂「在京政治局常委決定」，其中只有鄧小平、趙紫陽兩名常委參與，胡耀邦未被通知，李先念在上海不回，陳雲請假缺席。事實上這是一齣宮廷政變戲。

胡耀邦是一個喜歡活動，喜歡接近人的人，原來身體也很好。他被迫辭職後，有相當長時間爲了避嫌，門也不出，只在家中讀書，朋友去看他也被婉拒，心情的寂寞與鬱悶可以想見，他的心臟病也是那樣的處境所造成。

胡耀邦的早逝是中國的一大損失。中國民眾寄希望於他，不僅是他在台上之時，而且在他下台之後。人們曾期待中國經過一段困難挫折之後，一個更勇敢也更有智慧的胡耀邦將重新出現在中國政治舞台上，與民眾一起推動中國歷史再前進。

鄧小平比毛澤東年輕11歲，在72歲時被83歲的毛澤東趕下台，那是1976年。相隔11年後的1987年，比鄧小平年輕11歲的胡耀邦，也是在72歲時被83歲的鄧小平趕下台。然而歷史只給予了一次機會，使鄧活過了毛；而不再給第二次讓胡活過鄧。

所以胡耀邦的逝世，引起全國的悲痛哀悼，引發大規

模的民主運動，都不是偶然的。人們意識到一顆希望的星辰殞滅了。在他逝世當天北京大學出現了這樣一首詩：

> 眞誠的人死了，
> 虛僞的人活著；
> 熱情的人死了，
> 冷漠將他埋葬。
> 空談、托夫、麻將、橋牌、新權威，
> 改革和它的死亡。
> 這世界是個新的迷宮，我問你，耀邦，
> 中國是否還有希望？

1989年中國歷史上空前規模的自由民主運動，就是在這樣的背景下發展起來的。

6 鴻雁傳書(上)

　　我到哥倫比亞大學以後，開始辦理若瑛來美手續。黎安友教授說，魯斯訪問學者均可由妻子陪伴，我是J-1學者簽證，若瑛適用J-2簽證。黎安友很快幫我辦妥了哥大的邀請函和移民局的 IAP-66 表格(申請簽證用)，寄給了若瑛。我們曾期待很快團聚。然而，辦完手續，機票也買好了，準備動身時，中國發生了天安門屠殺，風雲突變。若瑛被警告：「不准離開北京」。

　　原來我以爲，我出來困難，因爲有陳雲、王震的禁令。 若瑛出來，應當沒有問題吧？黎安友教授和我都很樂觀。若瑛和我的計劃，是在美國遊學(遊覽和學習)兩年，一年哥大，一年哈佛 ，假期再到處看看。魯斯基金會和美國的J-1學者簽證政策，也規定訪美學者必須歸國服務；因爲這是學術交流，並非移民政策。其實胡耀邦去世前，已經知道我在美國。有一回孫長江和吳明瑜去看他，胡耀邦問起我說，聽說阮銘去美國了是不是？孫長江證實我已在哥倫比亞大學，同他女兒孫競有聯繫。胡耀邦問：阮銘還打不打算回來？孫長江說，當然要回來。胡耀邦要他轉告我，在外邊說話，要謹愼一點。看來他還在爲我回去後的處境擔心。

　　如今22年過去，我仍在美國和台灣之間飄泊。中國政府的政策確實怪誕，在裡面的不准出，已出去的不准回。後來我知道，台灣過去也這樣，鄧小平是從蔣介石學來的。當然，那是對視爲異己者的政策。黨國官派的特權學生、學者，不在限制之列；他們肩負黨國重任，出入國門如家門一樣自由。

　　有3年時間，若瑛和我遙隔太平洋的通信，同中國形勢的變化交織在一起，跌宕起伏。我從美國寄到中國的那些信，現在無法得到。若瑛寄到美國的信，我們還完整保存著。我覺得，用若瑛信中的文字，表達當年我們分隔兩地的處境和心情，比我現在去回想更爲眞切。這一節摘錄的部分，是胡耀邦逝世前後的形勢和我們處境的變化，可略分爲3個階段。

第一階段，從上海離別到胡耀邦逝世
（1988年11月至1989年4月15日）

若瑛在給我的信(按日期前後摘抄)中寫道：

　　今天收到你第一封信。那天自上海回來，一個人推著行李回家的路上，我想起我們上回一塊兒從大連返京的情景，感到這次分別似乎不同於往日，我要爲孤寂日子作思想準備，強使自己不要太想你。現在我一個人生活，才發覺我是那樣地依戀你，最不習慣的是

飯後洗碗，常常忘記，有時兩頓併在一起洗，這是你把我慣壞了。(1988年11月19日)

　　你的研究計劃是極度自由的，這很適合你的性格。我同意你開頭幾個月埋頭寫作，少參加活動。兩年打算很理想，到時候看形勢如何？現在人們牢騷多，信心少，領導失人心，改革處於停滯狀態。糧店經常斷糧，一時有麵無米，一時有米無麵，都是極黑的「標準粉」和糙米。前天東門外有農民拉來一車小米，要換大米。我換了17斤，是新鮮小米，很香。(1988年12月6日)

　　昨天下午收到你11月28晨的信，還有一群可愛的小狗熊的賀年卡。今天中午又收到你12月3日貼有美麗紅花郵票的來信，非常高興。因為有12天沒收到你的信了，前次的信是寄來IAP-66。我已把IAP-66寄去海南辦手續，尚未有回音，看來春節見面不可能。(1988年12月16日)

　　今天中午收到你寄來的銀婚紀念卡，一束鮮花，一顆跳動的心。得到這寶貴的禮物，令我激動不已！想當初，你親切地鼓勵我勇敢地追求幸福，月夜與晨星，蓮花與荷葉，常陪伴著我們。又怎能忘記呼和浩特的新婚，媽媽家中特有的暖人的煙煤味和溫馨。更

難忘婚後兩年中，城鄉兩地相思和重逢的喜悅。以及在那無窮盡的挨整年代中相依為命，和幹校生活的苦中樂。親愛的，告訴我，這不是夢境吧？銀婚紀念日我寄給你一幅昔日保存的「小荷葉」畫片，和唯一留下的一紙「兩地書」[1]，緊緊擁抱你！(1988年2月4日)

年初一(農曆)上午，到大姐家過年。一進門就看到你送的「甜心」(大姐這樣稱它)[2]放置在鋼琴中央，使得滿屋生輝。等人到齊後，我打開盒，請大家分享我們銀婚的甜蜜。漂亮的「大甜心」帶給大家歡樂，每對夫婦都捧著它留影為念。我回到家裡，將「甜心」放在小茶几上，它給我無限溫情和幸福。(1989年2月6日銀婚之夜)

第二階段，從胡耀邦去世到天安門屠殺
(1989年4月15日至6月4日)

胡耀邦的去世(1989年4月15日)，改變了中國的政治形勢。民眾自發舉行悼念活動，人群絡繹不絕往天安門

---

1 「兩地書」是我給若瑛的一紙短信：「親愛的小花花，昨天下午回部裡向定一同志匯報，一下午，一晚上。今晨去北大。希望你週末能回來。你再不回來，你的小荷葉就要想念得枯萎了呢！等待著你。你的小荷葉。11•17 晨。」此信寫於1964年婚後別離的第九個月。「小荷葉」畫片的畫面，是荷塘裡綠色的小荷葉依戀著純白色的睡蓮，那是我們的愛情象徵。
2 指我托人從美國帶到若瑛大姐阮若珊家的心形盒裝巧克力。

廣場送花圈、輓聯。鄧小平如臨大敵，像西班牙的鬥
牛見到鬥牛士手上的紅布一樣興奮起來。1989年4月
26日，《人民日報》發表社論，攻擊悼念胡耀邦、訴
求政治改革的學生民主運動，是「一場有計劃、有組
織，反黨反社會主義的動亂」。這篇社論，是根據鄧
小平接見李鵬時的信口開河寫出來的。

　　那時我正在舊金山參加另一場紀念五四運動70週年的
研討會，與會的好幾位朋友，是剛從北京天安門廣場趕到
美國的，有戈揚、吳祖光、邵燕祥等。他們比較了解北京
形勢，聽到廣播這篇殺氣騰騰的社論，心情十分焦慮，認
為這是鄧小平決心鎮壓學生民主運動的信號。他們在會場
上設法接通方勵之家的電話，詢問當時狀況。方勵之也很
焦急，他說社論是鄧小平的原話，學校也傳達了；但學生
情緒高漲，繼續準備上天安門。戈揚、吳祖光、邵燕祥等
都囑方勵之設法勸說學生，一定要避免流血。然而第二天
(4月27日)，20萬大學生走上街頭，衝破軍警防線，勝利抵
達天安門廣場。難道鄧小平的指揮棒失靈了嗎？那段時
間，若瑛在給我的信中是這樣寫的：

　　　《大參考》登了一則消息，你和王若水、劉賓雁
　　接受在美記者採訪談耀邦[3]，這樣你已赴美的事就公

3　指4月15日胡耀邦去世當天，在紐約接受《中國時報》駐美特派員杜念中採訪。

開了。不過有人問起時，我只說是臨時去出席紀念「五四」70週年的學術活動。接著我立即找部主任王瑞璞打招呼，說打算月底或下月初請假去海口探親。昨天三姐(阮若琳)和曾志(陶鑄夫人)一起去耀邦家中弔唁，耀邦夫人李昭談話中提到你，她對你的冤案很清楚。耀邦得病也不是外傳因當天政治局會上爭論，而是久鬱成疾突然發作，經搶救好轉又反覆，心肌大面積梗塞致死。青年學生聞訊悲痛萬分，不少人原寄望耀邦復出，對他冤屈而死深感不平。那天北京久旱後下第一場雨，學生說蒼天也流淚了。(1989年4月19日)

26日各單位傳達鄧小平講話，氣勢洶洶，準備採取強硬手段。但27日近20萬大學生，仍浩浩蕩蕩走上街頭示威游行。他們針對鄧小平說學生是「動亂」，高舉憲法標語牌，衝破重重軍警防線，從校園步行到天安門。沿路有市民支持呼應，軍警也不願與學生衝突。我寫此信時，電視中正播出政府與學生對話，由袁木、何東昌等回答學生問題，肯定學生愛國熱情，與鄧小平調子有所不同。(1989年4月29日)

昨天星期日，我去了周海嬰和孫長江家。孫說這次學生運動得到社會各階層的同情支持，形成一股強大力量。新聞界已有所突破，不是一統《新華社電》了，各報都打開了「本報訊」的窗口，《科技日

報》在北京帶了頭。本來一南（《世界經濟導報》）一北（《科技日報》）都要「處理」。江澤民行動快，撤了欽本立。宋健沒了主意，阮崇武巧妙拖了過去，宋健誇他聰明。星期六下午，數百名學生開始在天安門廣場紀念碑前絕食，學生是誓死要觸動這部官僚機器了。這次學運中北京市扮演了不光彩的角色，包括你的老同事汪家鏐。還有一個劉曉波，在天安門廣場演講，聲稱自己剛從美國回來，了解西方的民主，認為中國不宜傲效等等，被學生哄了出去。丁總[4]已到，住在我們家，明天要去天安門捐款。我的手續尚未辦妥，少不得要去一趟海南，最快也得6月初動身赴美了吧？（1989年5月15日）

　　情況每天在變化，難以預料會出什麼事。部裡一天開3個會，抓住我們做學員工作。我只是擔心我的學生會吃虧，他們抱著憂國憂民之心奔向街頭，不怕流血犧牲。他們說，那麼多小弟弟小妹妹衝在最前線，我們有責任保護他們，若開槍先對我們開！他們在軍車隊列前協助維持秩序，在武警車隊前作宣傳工作，並沒有造成軍民對立。但這種僵持局面不知能維持多久？今天傳出七將軍的信：「北京戒嚴指揮部及中央軍委：鑒於目前勢態極為嚴重，我們以老人的名義提

---

4 丁總即丁建華，我在海南當顧問的那家公司老闆，正在幫若瑛辦出國手續。

出要求，人民軍隊屬於人民，不能同人民對立，更不能鎮壓人民，絕不能向人民開槍。為了防止事態進一步惡化，軍隊不要進城。張愛萍　楊德志　陳再道　宋時輪　蕭克　葉飛　李聚奎　1989年5月21日」這封七將軍的信，中央廣播電視部長艾知生不讓播出。
(1989年5月25日)

這是天安門屠殺前，若瑛給我的最後一封信，事態正在向「惡化」發展已十分清楚。七將軍的信，是他們看到了鄧小平的罪惡意向，試圖在最後時刻力挽狂瀾，避免流血。但他們挽不回鄧小平的個人意志，他的血腥賭博已完成部署。鄧小平自己承認，對付學生娃娃，用不了20萬大軍和坦克衝鋒槍。他要對付的，是他認爲正在挑戰他的「新權威」趙紫陽。事實上趙紫陽根本沒有想奪鄧小平的權，但是他手下那些「新權威主義」精英們製造的興論，似乎讓鄧小平感到了威脅，非下重手不可了。

第三階段，天安門屠殺(1989年6月4日)之後

若瑛在給我的信中寫道：

北京已有6天與外界割斷信息。郵電局貼出「奉上級令，暫停營業」。報紙、信件停送。電話很難打進，根本不能打出。市內交通停駛。在被封閉中聽到

你親切的聲音，真讓我高興！我原想你一定會來電話
的，否則一定是掛不通，果不出所料。6月4日這個中
國歷史上最黑暗的日子，將被載入史冊。大姐轉述目
擊者談話時，泣不成聲。這封信不知能否正常投遞？
不多寫了。(1989年6月9日)

　　小青的朋友何寧7月3日返紐約，托他把機票帶回
給你[5]，還有一張生日賀卡，他返美之日正是你的生
日，也許他不能當天送到吧？原以為你的生日我可以
去到你身旁，為你做幾樣可口的菜了，現在我已失去
了信心。親愛的小荷葉，你可要沉住氣，現在是非常
時期，一切事情都不能按常規考慮了，這裡氣氛緊
張，要整肅「自由化分子」了。昨晚廣播四中全會公
報，江澤民當總書記出人意外，原來以為是喬石。校
內猜測，喬石轉過一封部分師生建議信給中央受到
影響，江澤民則以迅速處理《世界經濟導報》、撤下
欽本立而被選中。(1989年6月25夜)

　　信和書均未能帶去。現在你要耐心、冷靜，有較長
時間兩地分離的思想準備。比起失去生命的小弟弟小
妹妹，比起失去心愛的孩子的父母，比起那些年我們
受過的折磨，我想這點痛苦總能忍受。你別惦記我，

5　原來我已買好若瑛來美的機票寄給了她，她因無法出境讓我退票。

你的小花花永遠會陪伴在你身旁，無論相隔多麼遙遠，無論遇到什麼情況，我永遠是你的忠誠伴侶。你要愛惜身體，希望我們團聚時你仍然是健康、充滿活力的小荷葉。親你，緊緊擁抱你！你的花花。(1989年7月1日)

昨天我已辦理了離休手續。突然今天機關黨委通知我「不准我離開北京」，說要留下來「學習」。現在「留下學習」，恐怕對我來說，不得不做長期難以離京的思想準備。親愛的，你千萬不要性急，要做好一個人長期堅強地生活下去的準備，好好愛惜身體，我們總會有幸福的明天！我從明天開始安下心來，有計劃地用功學習，聽錄音帶學英語，絕不虛度光陰。你放心吧，我能獨立堅強地過日子，我還有許多在京的親人們關懷。想念你的花花。(1989年7月12日)

這裡的情況你難以想像，大家都在「學習」。李希凡又參加了「大批判」，在電視屏幕上有大段發言，仍同劉白羽、瑪拉沁夫為伍。下午打開信箱，意外收到你7月1日來信，真讓我高興！悶了這麼多天，看到你的字跡多親切啊！你別不放心，他們不讓我離京，我就安下心在家讀書。你要好好安排生活，別生病，健康愉快地等待我們團聚的一天！親你，我的小荷葉。(1989年7月16日)

今天收到你7月3日來信，我們的生日都在無限思念中度過。本來我寫了一封長信，為你生日祝福，也談及國事及朋友們的情況。大姐夫(黃宗江)已托人帶上，後來又擔心不安全，怕給別人招來麻煩，千方百計追了回來。還想托董樂山帶信，後也作罷。兩封信都由大姐夫處理掉了，所以他知道了「小荷葉」，因我在給你的生日卡上畫了一片小荷葉。姐姐們要我們有「八年抗戰」的精神準備。你要耐心堅持下去！

(1989年7月20日)

從此，若瑛被關在國門內「不准離開」，我被關在國門外「不准進入」。在安娜堡密西根大學那一年(1990年)，我的護照到期了，出國時按規定辦的公務護照，有效期只有兩年。我向芝加哥中國領事館申請延期，因那時我得到普林斯頓大學余英時教授的邀請，等我在密大的學年結束後去普大東亞所。中國領事館的答覆是拒絕延期。我問為什麼？回答是：「政府不滿意你寫的文章。」我再問：「難道文章觀點不同，就可以剝奪我的公民身份？」回答是：「這個我們不能回答，我們也是奉命行事。」這樣，我就成了無國籍的飄泊者。

漫長的兩年過去，若瑛出不來，我又回不去，這樣的歲月看不到盡頭，難道真的應了若瑛姐姐們「八年抗戰」的預言？出乎意料的是，我到了普林斯頓，同遠志明和蘇曉康在一起；他們與我同命，也是妻子出不來、自己

回不去。有一天，蘇曉康問我：「美國同中國每年討論續延最惠國待遇，都要提出人權問題作為條件，中國政府扣押我們的家屬不准出國違反人權，我們要求美國政府向中國政府提出給予放行如何？」我說：「好啊！」

於是，在1991年美中關於最惠國待遇的討論中，美國國務卿貝克把我們幾個人的家屬名單提交給李鵬，要求放行。屆時還有一段曲折的故事，留待寫「鴻雁傳書」(下)時再說吧。

7 誰的勝利？

　　5月初舊金山紀念五四運動70週年研討會結束後，陸鏗、崔蓉芝新婚夫婦招待來自中國的朋友遊覽南加州；參加的有戈揚(《新觀察》主編)、王若水(哲學家)、北島(詩人)、阮銘、吳祖光(劇作家)、邵燕祥(作家)、倪震(北京電影學院教授)、梁從誡(《知識分子》文叢主編，教授)共8人，加上陸鏗夫婦和另一位接待人陳立家(美國西方石油公司亞洲事務副總裁)，一行11人，從舊金山經洛杉磯、聖地牙哥，直抵墨西哥邊境，歷時5日(1989年5月3日至5月7日)。那段時間，北京的學生運動趨於緩和，大家稍稍放下心來。

　　在洛杉磯遊覽時，夜宿星雲法師建造的廟宇西來寺。那時星雲不在美國，陸鏗代表星雲向來賓致意，並贈送每人一條毛毯。西來寺是開放的現代化寺廟，接待我們的法師和僧尼，女性多於男性，其中許多位擁有博士、碩士學位。我們一行中不乏無神論者和馬克思主義哲學家，而中國在文革中搗毀廟宇、強迫僧尼還俗，在此亦有所聞。在無拘束的閑談中，有位女性法師發問：馬克思主義是無神論，是要「消滅宗教」的嗎？

　　在座最有資格回答此問的是哲學家王若水。他說馬克思主義不主張消滅宗教，宗教也不可能被消滅。他的原話

我已忘卻，簡單地說，人類智慧在探索自然和人生奧秘的進程中，創造了哲學、科學、宗教和藝術。在古代，神學與科學、哲學是不分的，宗教信仰也屬於人類對真理與審美的追求；所以宗教是人類智慧的創造物，人按照自己的理想創造了上帝。馬克思說過「宗教是鴉片」，是指教會或世俗的專制統治者利用宗教作爲消滅自由思想的工具，如宗教裁判所和獵殺女巫，都是對所謂「異端」，也就是對自由思想者的迫害。這是宗教的異化，把人類智慧的創造物變爲毀滅人類智慧的暴虐。無神論則是一種不同於一神論的信仰，不相信天地間存在主宰塵世和天國的全能上帝。我有佛教朋友說，佛教也是無神論，釋迦牟尼是人不是上帝。中國的道家講天道，是指自然之道，類似西方的自然神論。歷史上無論西方東方，信仰都是多元的，有一神論、無神論、泛神論等。凡是科學不能抵達的領域，人類智慧就從哲學、宗教、藝術去求解、去探討，以滿足靈魂的需要。人的智慧和創造力需要自由，所以宗教迫害是反智的。至於中國文化大革命消滅宗教，那是另一種反智的政治異化。毛澤東要每一個人「靈魂深處爆發革命」，林彪說「毛澤東思想是精神原子彈」，他們要消滅每一個人的自由靈魂。那時毛澤東已從政壇的獨裁者升爲神壇的唯一上帝，不容別的上帝存在了。

在西來寺那個夜晚，陸鏗到我的住處聊天。我們是初識，未想到他一來就把自己的愛情秘密傾心吐出。那時我雖看出他和Helen(崔蓉芝)親密無間，但兩人關係並未公

開。陸鏗一坐下，說要交我這個新朋友，給他的《百姓》雜誌寫稿。他大概知道一點我同胡耀邦的工作關係，向我表示胡耀邦因他寫的〈胡耀邦訪問記〉導致下台感到內疚。我說，鄧小平逼胡耀邦下台，是要實現他的「反自由化」大戰略，苦於拿不出像樣的罪證，看到你的〈訪問記〉，拿來充數罷了。按胡耀邦的性格，他不會怪你，你也不必自責了。

接著是他自我介紹，說自己有兩大愛好：第一愛新聞，第二愛女人；雖然坐了國共兩黨二十多年的牢，這兩大愛好「終生不渝」。還告訴我Helen同他的愛情故事，起因於台灣國民黨政府特務機構刺殺《蔣經國傳》作者江南。他在接受《中國時報》美洲版訪問時仗義執言，斬釘截鐵地說：「江南被害不是仇殺，不是財殺，也不是情殺，是政治謀殺。」從此獲得江南遺孀崔蓉芝的好感。兩人初次在香港相見時，崔蓉芝正與一位追求她的男子拜會朋友，陸鏗一到，拉起崔蓉芝的手就走，朋友戲稱他「橫刀奪愛」。之後他又陪同崔蓉芝到中國安徽為江南尋找墓地，兩人在黃山上定下情緣。陸鏗說，他此生對自然風光、名勝古蹟，無多大熱情去尋求；除了對新聞的執著，就是對女性的追求。他有過不少浪漫愛情故事，但同Helen在一起的那種感受，是他一生從未體驗過的。Helen的無限魅力，讓70歲的他像年輕人一樣充滿青春活力，每天工作十多個小時也不覺得疲乏！

然而對於陸鏗的兩大「終生不渝」，Helen卻表示異

議。她對我說：「陸大哥終生不渝的是朋友，朋友一有事，就把我放在一邊了。」恐怕這也是事實。唐德剛說，陸鏗交朋友多是「一見如故」，剛見面就像20年的老朋友了。我也有同感，那回西來寺夜談，其真誠坦率，毫無隱諱，20年的老朋友中也不多見。從此我們互通音訊，多半是他主動，還把他的「老友」介紹給我這個「好友」。我在台灣的朋友陳宏正、卜大中等，都是他介紹認識的。

遊覽結束，大部分朋友返回中國。戈揚大姐初次來美，想到東部看看，我就邀她同行，到紐約後住在我的哥大宿舍。這時北京形勢又緊張起來，我們天天盯著CNN駐天安門記者晝夜24小時的實況轉播。6月3日夜裡(北京的6月4日上午)，戈揚的女兒阿布從北京打來電話，那時戈揚已睡，我叫醒她接聽。阿布說：「媽媽，開槍了，你不能回來了！」說罷痛哭不止。我們打開電視，已看不到天安門前實況，CNN記者說中國政府已切斷播放線路。北京形勢的惡化，在李鵬宣佈戒嚴令後大家雖有預感，但如此殘暴的血腥屠殺，仍出人意料。當年(1976年)毛澤東鎮壓「四五」運動，只是動用民兵和棍棒，毆打、驅趕、抓捕示威者，沒有開槍殺人。在鎮壓學生運動的殘暴和滅絕人性方面，鄧小平遠遠超過段其瑞、蔣介石和毛澤東。對此歷史學家余英時指出：

　　這一事件的核心事實，是中國共產黨動用國家的軍隊，在天安門一帶以坦克車和機關槍，屠殺赤手空拳

和平請願的青年學生和普通老百姓，這是全世界的人當時在電視上親眼目睹的一幕慘劇，這一殘酷事實的本身已清清楚楚地以鮮血大書於活的歷史上面，再也沒有改變的可能，更不發生任何解釋的問題。所以天安門屠殺作爲一個已完成的事實，它的意義當下即已確實無疑：這是中國共產黨政權犯了殘害人類(Crime Against Humanity)的滔天罪行。

「六四」後第二個星期的1989年6月17日，唐德剛教授邀請我到紐約「北美20世紀中國歷史學會」(Historical Society for 20th Century in North America)演講。講題是「中國民主運動與鄧小平的新淮海戰役」。我說：

40年前，鄧小平指揮數十萬大軍，打了一場淮海戰役，殲滅了蔣介石軍隊的主力。40年後，他再度調動數十萬大軍，在自己的首都打這場新淮海戰役，殲滅了中國的人民民主運動與共產黨內的改革力量。他聲稱民主運動與改革力量的目的是打倒共產黨，推翻社會主義制度，建立西方化的資產階級共和國。其實真正把共產黨和社會主義制度推到末日的，正是鄧小平這最後一戰。他下令軍隊把槍彈射向民眾胸膛的一刻，同時毀滅了人民心中對共產黨的最後一線希望。20世紀中國歷史尋找摧毀共產黨的真正罪人時，找到的將不是方勵之，而是中國的最後一個獨裁

者鄧小平。

接下來討論時，會場上發生了一場激辯。先是熊玠教授說：「6月4日那天，我住在北京飯店，從窗口親眼望見長安街上暴徒打解放軍，未見解放軍打人民。」

熊玠的發言遭到反駁。與會的兩位美國記者，6月4日前後那幾天也住在北京飯店。他們敘述了從木樨地到六部口的長安街上，目睹中國軍隊開槍射擊民眾的血腥場面；他們還在北京飯店窗口看到坦克隆隆駛過，長安街一片蕭殺，未見暴徒襲擊軍人。

與會聽眾憤怒了，搶著發言批評熊玠「撒謊」、「為天安門屠夫塗脂抹粉」。熊玠也站起來堅持己見。主持會議的唐德剛教授宣佈休會才平息下來。我想，熊玠教授未必是有意撒謊，恐怕他只是以偏概全，與劉曉波說他沒有看見解放軍在天安門清場時打死人一樣。

那場血腥屠殺之後，我再也無法平靜下來研究「毛澤東帝國」的歷史，難以抑制的思緒，已凝聚到「鄧小平帝國」的現實上來。最近把「六四」後寫的《鄧小平帝國》重讀一遍，感到那本書整體上仍站得住腳。只是後來的歷史發展，有一點我未能料到：就是自由制度大國與中國專制暴政的「和諧共生」，竟能支撐鄧小平帝國如此長久。因而最後一章〈暴力的失效與帝國的末日〉，同我那次演講一樣，對「鄧小平帝國」已到末日的判斷，顯然錯了。

　　22年過去，暴力沒有失效，帝國沒有毀滅。我的判斷
錯在高估了自由的力量，智慧的力量；低估了奴役的力
量，反智的力量。鄧小平的「反自由化」大戰略，集結了
一切奴役、反智力量，使用恐怖的暴力機器，把自由、
智慧、真誠、美的理想，統統掩埋在「六四」血污之下。
現在看來，「六四」屠殺是鄧小平的勝利，是鄧小平「新
權威主義」帝國的勝利。趙紫陽的悲劇，是撒下「新權
威」的種子，自己做了「新權威」的犧牲品；用自己的犧
牲，成全了鄧小平的勝利，使鄧小平成為毛澤東之後中國
無人敢攖其鋒的「新權威」。

　　離開中國之前，我在大連「紀念三中全會十週年報告
會」上做過一次題為「時代與選擇」的報告，認為人類已
經進入「智慧和創造力成為歷史前進槓桿的新生產力時
代」，而人的智慧和創造力來自人的自由。從此歷史將結
束那個粗暴扼殺人的智慧、野蠻掠奪自然資源、破壞人類
生存環境、貪欲與權勢欲成為歷史發展槓桿的舊時代，解
放每一個人的智慧和創造力，開關每個人的自由發展和自
然力合理開發利用的新紀元。我的報告，原來是針對趙紫
陽和「新權威主義」謀士們選擇的「國際大循環戰略」。
他們主張開發中國家不能逾越已開發國家走過的資本原始
積累之路，中國只能發展已開發國家淘汰下來的低技術、
高耗能、高污染、勞動密集的舊「傳統產業」，投入「國
際大循環」。我對時代的認知和對「國際大循環」的批
評，獲得王元化的贊同，他把我的報告收進他主編的《新

《啓蒙》叢刊第一冊，封面就以「時代與選擇」爲標題。《鄧小平帝國》一書中對「暴力的失效與帝國的末日」的判斷，即出於智慧和創造力的實現需要自由，而專制暴力乃自由之敵，將在新時代走向滅亡這一認知。然而今天的現實卻是，自由時代的新生產力與奴役時代的反生產力，人類智慧和創造力迸發的輝煌，與殘酷壓榨勞工、強暴掠取資源污染環境造成的黑暗，竟能融爲一體，拼裝出21世紀「全球化」的荒謬圖景。

　　以今天的「全球化」產業「蘋果」爲例。「蘋果」原本是人的智慧和創造轉化爲新生產力的典範，一開始時並未以大量生產和降低勞工成本爲取向，而是以不斷創新的價值取向，吸引具有審美藝術鑑賞力的顧客。後來出現了郭台銘，在中國深圳建立45萬農民工的富士康，以反智的機械生產線方式組裝「蘋果」的智慧產品，把45萬農民工的人格降低到只是機械生產線上不由自主的奴隸。《蘋果日報》的「蘋論」說：「蘋果的iPod 只爲美國創造出14,000個工作機會。」不錯，由於「蘋果」智慧產品的超大量反智組裝勞務，是在中國深圳45萬農民工的「人海」中完成的。 可見並非智慧產品不能創造工作機會，而是工作機會轉移到郭台銘「軍事化管理」的反智工廠去了。賈伯斯的厲害，是他沒有被郭台銘的超大量組裝線、超低勞務成本所迷惑。他仍然把重心置於智慧和創造力的提升，致力於產品設計的不斷創新與追求完美。他不會等到第一代產品滿足銷售需要後再推出第二代，而是一代緊接

一代不斷推出。他知道只要擁有體現智慧和創造力的完美產品，大量生產滿足需要根本不是問題。

我常舉「蘋果」爲例，因爲它形象地代表了全球最大的自由國家美國和全球最大的專制國家中國在「全球化」中「和諧共生」的特殊合夥關係。有人把這種關係稱作「中國生產，美國消費」並不確切。中國憑什麼生產？美國又憑什麼消費？「蘋果」告訴我們，自由國家的自由企業提供「智慧和創造力」的設計，經過中國特色的「社會主義」(應爲「新權威主義」)台商、港商、或中商，在專制帝國的奴隸工廠中壓低成本、大量生產，供應自由國家低價消費。其結果必然是工人貧困失業，跨國公司大發其財，台商、港商、中商紛紛擠進富比士四百大、五百大，專制帝國政府「崛起」爲自由國家的大債主，自由國家製造業外移造成實體經濟萎縮、虛擬經濟非理性擴張、炒房、炒股、炒「金融衍生性商品」、華爾街肥貓暴增、全球貧富差距拉大、治安下降、環境惡化、自由人權倒退。

這就是鄧小平「新權威主義」帝國勝利的秘密。當「六四」屠殺後各國制裁中國時，鄧小平就說：「中國這塊肥肉在，還怕人家不來？」鄧小平看得很準，肥肉就是中國的土地、資源、廉價勞動力，過去「人家」靠戰爭、掠奪殖民地，今天主動請進來吃肥肉，「人家」豈有不來之理？1992年鄧小平「南巡」後，比趙紫陽時代政治更專制，經濟更開放，壓榨農民工更容易，專制暴力政府幫你圈地、拆房更方便。於是華爾街「高盛」等大公司競相

進軍中國，投資鄧小平「新權威主義」帝國的「國際大循環」，共享這塊大肥肉。鄧小平是在人類歷史一腳踏進自由時代的門檻，使解放每一個人的智慧和創造力、克服奴役時代人的異化成為可能之際挺身而出，以「反自由化」大戰略阻止這一歷史進程，把歷史的另一隻腳拉回「貪慾和權勢慾成為發展槓桿」、粗暴扼殺人的智慧和創造力、野蠻掠奪自然資源、嚴重污染人類生存環境的「資本原始積累時代」。跨國大財團面對如此龐大的「資本原始積累天堂」，足以重溫「返祖」舊夢，又何樂不為？其結果就是自由時代與奴役時代「和諧共生」，融合於21世紀歷史畫卷。人的智慧和創造力，與貪慾和權勢慾「和諧共生」，融合於全球市場之中。追求不斷創新、完美設計的賈伯斯們，與奉行「軍事化管理」、把人當做機器奴隸的郭台銘們「和諧共生」，融合於iPad 生產線上。這就好比美國工業革命初期，一名富於創造力的教師埃利‧惠特尼(Eli Whitney)發明了軋棉機(Cotton Gin)，導致對將棉花放入軋棉機不停攪拌的奴隸需求量大大增加，助長了美國南部成為奴隸王國。

　　聰明如賈伯斯，不會不懂得自由的普世價值是不可分割的，每個人的自由是一切人自由的條件，一切人的自由也是每個人自由的條件。當富士康的「十三跳」(13個農民工連續跳樓自殺)受到輿論關注時，賈伯斯曾為郭台銘辯護。他說：「富士康有咖啡館，有游泳池，不是奴工工廠。」我想，賈伯斯也不是故意撒謊，只是以偏概全，富士康是

有咖啡館、游泳池，然而晝夜被鎖定在機器鎖鏈上的45萬農民工，誰擁有享受那悠閒生活的自由？

歷史表明，自由制度與反自由制度「和諧共生」，終必付出代價；拖得愈久，代價愈高。美國《獨立宣言》宣告「人人生而平等」，傑弗遜起草的初稿有譴責蓄奴制度(雖然他家中也蓄奴)，大陸會議在通過時刪除了，奴隸那時不算「人」，於是奴隸王國就在南部發展起來，像南卡羅來納州的奴隸超過了自由人，最後導致一場慘烈的南北戰爭。今天人們在談論「中國何時超越美國？」中國人是美國人的4.5倍，能超越美國不足為奇。問題是如何超過？如果每一個中國人能自由地實現自己的智慧和創造力，為一切人的自由作出貢獻，那時恐怕已不需要國界來阻擋自由人的和諧交往了。但如果是4.5倍於美國人的「奴隸之海」，在奴隸主的「反自由化」戰略驅使下向自由制度宣戰，像當年美國南方奴隸王國向林肯宣戰那樣，那時對人類自由的威脅將會怎樣？雖然我相信自由最終戰勝奴役，但付出的代價就不是今天能想像的了。

我曾經設想，假如在《獨立宣言》宣告「人人生而平等」那時，就不向蓄奴制低頭而限制它的發展，85年後(1776年至1861年)美國那場內戰也許可以避免。同樣的道理，在自由力量遠遠超過奴役制度力量的今天，自由力量為什麼要向奴役制度低頭？難道一定要等待奴役制度「崛起」到「東風壓倒西風」、對自由制度構成「壓倒」性威脅時，人們才會醒來？

8 塞納河邊

　　歷史盤纏在心靈深處，雖似逐漸淡去將消失，卻又不時浮現難忘卻。「六四」屠殺後陰鬱的日子裡，在美國的幾位朋友感到無法沉默，得悉民運領袖嚴家其和吾爾開希逃離中國，到了法國巴黎。我和戈揚、李春光等商議，設法同他們聯繫，一起討論應當做點什麼？

　　於是我寫了一頁紙，傳真給在巴黎的法國朋友，請他們找到嚴家其。傳真如下：

　　羅朗、孟湄：請代為致意嚴家其，在美的幾位朋友想同他聯繫，準備在法國大革命200週年時(1989年7月14日)，一起討論中國當前形勢和應當做些什麼。我們有些想法要同嚴家其交換，希望他屆時來美。你們見到他時，請他給我打電話。

　　嚴家其：得悉你赴巴黎，十分欣慰。羅朗、孟湄在北京時就是我的朋友。現託他們同你聯繫。我們急欲與你商量一些重要問題。請你同我通電話：

　　　　　　　　美國紐約(212)662-6178(家)晚上

(212)854-1724(辦公室)白天
等候回音。
阮銘 6月28日

　　嚴家其來電說，法國政府歡迎中國自由民主人士到巴黎，參加法國大革命200週年慶典；所以請在美國的朋友去法國討論，同時出席慶典。這個訊息激發了許多朋友的熱情，表示願意參加。小青的男友謝文自告奮勇當聯絡人，幫助購買機票及辦理簽證等手續。

　　戈揚原來準備同去，後來重返西來寺被星雲留下，臨時取消行程。我在電話中同她爭了很久，請她去一趟巴黎，回來再住西來寺。因為戈揚在我住處商量時的一些看法非常好，而且她的人格有道義的權威性，可以制衡新權威主義的「領袖權威」。她若不去，是一大損失。

　　但任我百般請求，她總是不肯去。等到我從巴黎失望回來，她反倒安慰我說：「你不必失望，我料到如此，才不去的，我去了能改變嗎？」

　　那時逃離中國已抵達巴黎的，除了嚴家其、吾爾開希，還有四通公司的萬潤南、殷克、曹務奇，體改所的陳一諮等。從美國去巴黎的有劉賓雁、朱洪、蘇紹智、管維炎、李春光、謝文等。還有些人是嚴家其、陳一諮另外請的，如胡平、吳國光，其他人不記得了。

　　嚴家其讓大家先參加7月14日在協和廣場舉行的法國大革命200週年慶典，然後7月15至17日開3天會。大概在

巴黎的朋友已商定要成立「民主中國陣線」，稱那次會爲
「民陣籌備會」。

3天討論中，主要的歧見有3點：

一是對形勢的判斷：共產黨的一黨專政統治，究竟能
維持多久？民主運動在中國的進程，是速決戰還是持久
戰？

二是民主運動的目標與策略：是打倒共產黨，還是結
束一黨專政？是和平、理性、非暴力，擴大反對專制與暴
力的廣泛聯盟，還是「明確提出打倒共產黨，不惜武裝鬥
爭推翻專制政府」？

三是民運組織的屬性：究竟是鬆散的自由民主聯盟？
還是嚴密的列寧式政黨？

討論的成果，多數與會者同意在「民陣」綱領寫上：
目標是結束一黨專政，策略是和平、理性、非暴力。

但有人不滿，在會外造輿論，中文報紙發表的《巴黎
電訊》稱：

　　「民主中國陣線」沒有在綱領內提出「打倒共產
黨」。綱領主張「和平、理性、非暴力」，沒有反映
大陸90%同胞的心聲。六四慘案的啓示，說明和平、
理性的溫和運動方式不再具現實性，爭取民主的第一
步就是明確提出打倒共產黨，不惜武裝鬥爭推翻專制
政府。

　　籌備會推選了5位「民陣」發起人：嚴家其，吾爾開希，萬潤南，劉賓雁，蘇紹智。

　　有人推舉陳一諮時，他說了一句很特別的話，現在我還清楚記得。他說：「我的真名(陳一諮)不能公開，一公開鮑彤就會被槍斃！」我始終未弄懂這二者之間的關係。因此他的名字未列入發起人名單，僅使用假名「石堅」擔任民陣成立大會的籌備組長。

　　在巴黎的最後一晚，我獨自躑躅在塞納河邊。望著涓涓流水，心中浮起陣陣憂愁。來巴黎時的熱情和希望，已然淡去。回想3天的爭吵，問題不在分歧，有分歧很正常。問題在沒有分析，沒有理性的探討。

　　主張打倒共產黨的，主張擁護鄧小平的，主張武裝鬥爭的，主張非暴力的，還有主張新權威主義的，都沒有分析。對共產黨沒有分析，對鄧小平沒有分析，對中國社會也沒有分析。

　　更可慮的，是專政派學到歷史教訓，變得聰明起來。宋平是陳雲愛將，兼管計劃和組織兩大部門。他在中共全國組織部長會議上做了分析。他說：

> 　　這次動亂和暴亂的煽動者，策劃者，組織者，指揮者，不少是共產黨員。陳希同報告點到的二十多人中，絕大多數是共產黨員。有的已入黨幾十年，有的在黨和國家的核心部門工作，擔任重要領導職務，有些還是有影響的知名人物。

　　問題的嚴重性在於，十三屆四中全會後，仍然有些黨組織和領導幹部，繼續包庇在動亂、暴亂中有問題的人和事，大事化小，小事化了。從胡耀邦去世到四中全會閉幕70天的風風雨雨，在人們思想上以至對人一生造成的影響，決不能低估。

　　專政派已從分析中得出結論，要對共產黨內大批自由民主派下重手了。巴黎會議對這樣的信息不予重視，有人樂觀地判斷共產黨會很快垮台，對來訪的外國記者說：「到那時，在中南海再見你們。」

　　會上爭論最激烈的，是「民聯」加入「民陣」的問題。胡平代表「民聯」，提出申請加入「民陣」。我認為「民陣」作為團結最廣泛的自由民主力量的「陣線」，從共產黨內的自由民主派到民聯這樣的海外民運組織，都應接受。然而經過辯論，多數否決了民聯的申請。

　　討論到「民陣」的組織屬性，會上的「三巨頭」，陳一諮和萬潤南兩位「實力派」領袖(一個代表「體改所」派、一個代表「四通公司」派)，都傾向列寧式政黨。嚴家其模稜兩可，我的意見他表示贊成，陳、萬的主張他也不反對。會上可以看出，這3個人，都有意願主導組織的運作，而又難以合作。

　　歷史的機會，像塞納河的河水，靜靜地流動著。我走下台階，看到一片樹葉緩緩地飄過來，伸手到水中去抓，沒有夠著，它緩緩地飄走了，直到消失在遠方，我才慢慢

走上台階。

在法國，在世界，支持中國民主運動的聲浪，像這塞納河水一般流動。誰能掌握這轉瞬即逝的歷史機會呢？「民陣」籌備會決定兩個月後(1989年9月)召開「民陣」成立大會，這是關鍵的兩個月。我擔憂的，一是思想，二是人。

「八九民運」是一次規模偉大，思想貧乏的民主運動。規模偉大，是由於學生獨立組織顯示的巨大動員力量，良好的紀律和秩序，「和平、理性、非暴力」的鬥爭方式，這一切，贏得了全民的支持。

思想貧乏，表現為運動缺乏明確的方向：是民主？是開明專制？還是新權威主義？一位「民運理論家」主張：「下世紀(21世紀)中葉中國才能講民主！」

口號也奇特，「非暴力的最高原則是犧牲！」為誰犧牲？為何犧牲？難道要為「21世紀中葉」的中國民主犧牲？

巴黎會議未能深入觸及這些思想方向問題，反而出現了新的極端思想：如「新暴力主義」，以及反對與最廣泛的自由民主力量聯盟。

人的問題在巴黎也已突顯出來。幾個競爭者，無一人有寬闊胸懷。未來的權力之爭，可以預期。

在巴黎，我認識了一位法國朋友Jean-Paul Tchang，他說他擁有四分之一中國血統，他的夫人是意大利人。Jean-Paul通曉法、中、英、意多種語言，十分關注中國的

命運，後來還領養了一名廣西女孩。交談中，他表示欣賞
吾爾開希，說他「直話直說」，不像中國知識分子「拐彎
抹角」。

他問我在做什麼？我說在大學做研究，下學期要從哥
倫比亞轉到密西根大學，打算寫一本《鄧小平帝國》。他
聽了很感興趣，說鄧小平曾在法國「勤工儉學」，法國人
應該看這本書。他建議我寫完一章，就寄給他一章，讓他
找翻譯和出版商，趕在鄧小平去世前出版，讓鄧小平自己
能看到。

後來果然如願。Jean-Paul很快找到了翻譯和出版商
Editions Philippe Picquier。他發現譯者不熟悉中國政治，
因不理解而譯錯的地方極多，他幾乎親自重譯一遍，終於
使《鄧小平帝國》率先在法國問世。中文版和日文版也於
同年(1992年)稍後出版。兩年後(1994年)才出了英文版。

回到紐約，黎安友教授同我商量下一年度的計劃。他
已為我申請到魯斯基金會第二年的魯斯學者Fellowship，
但密西根大學的奧克森伯格教授(Micheal Oksenberg)也申請到
同樣的一份Fellowship。黎安友要我選擇。我說在哥大同
他合作愉快，選擇留在哥大吧。

但黎安友說，他當然願意我留在哥大。但為我著想，
多去一個地方，接觸一些不同的人，對研究工作和了解美
國更有益，所以建議我去密西根。

至於哥大，他考慮同我和嚴家其3人合作，開一門關
於中國民主的課程，列入大學正規的選修課。他擬定了一

個教學大綱，要我去巴黎時同嚴家其商量。他說，課程從下一學期開始，第一學期我可以完全留在密西根，開課後一星期來哥大一天就可以。

9月下旬，我又去了一趟巴黎，參加「民陣」成立大會，但已沒有7月時的熱情和期待了。似乎「民運」中被稱作「體改所派」的陳一諮和被稱作「四通派」的萬潤南在爭奪這塊「陣地」。

吾爾開希公開講：「我不希望民陣成為體改所，也不希望民陣成為四通，不希望成為共產黨的海外支部，更不希望天安門廣場的血白流。」

去巴黎前，一個周末晚上，我去小青家，她的男友不在。我問：「謝文呢？」小青臉一紅說：「到長島去了。」我又問：「怎麼不帶你一起去？難道另有女友陪他了？」因為平時周末，他們總是一起出遊或參加舞會，我也偶而同去。

小青這才結結巴巴說，是去長島開會，讓她「保密」。原來是陳一諮召集體改所的人開會。小青說，謝文不是體改所的，陳一諮請他去主持討論，因為謝文善於掌握討論的「遊戲規則」。那就是他們去巴黎之前的會前會。

1989年9月22日，「民陣」在巴黎第一大學、黎希留(Richelieu)階梯教室舉行開幕。國際社會頗為重視這次會議，來賓如雲。歐洲議會和歐洲各國政黨，波蘭團結工會都派代表出席。台灣來的有馬樹禮、明居正，還有民進黨

的康寧祥。香港來的更多，陸鏗、崔蓉芝夫婦也來了。

開幕式後的正式議程，在巴黎郊外一家旅館進行。陳一諮代表籌備組做「民陣」籌備工作報告，引起了對「民陣」主席選舉方式的爭論。陳一諮主張間接選舉，即主席在理事會中推選。他說：「如果有十萬美金就可以搞公開競選。」代表們群起反對。辯論的結果直選派獲勝，推翻了籌備組原來的選舉部署。

由間接選舉改為直選主席，似乎對實力派不利，陳一諮和萬潤南都不願出來競選。兩組候選人是嚴家其、吾爾開希VS.許思可、楊建利。嚴家其、吾爾開希以96：40擊敗許思可、楊建利，當選主席、副主席。

代表們對選舉方式的改變和選舉結果表示滿意，認為是民主的進步。這時，大會前剛認識的一位記者走來，約我談談。

剛到巴黎那天，我與Jean-Paul約好，去看法國《快報》記者Sablon。因為初次拜訪，聽說他有位漂亮的東方女友，我便帶了一束鮮花去。等到敲開門，迎面而來確是位東方姑娘，我便把花送上。原來我弄錯了，她是先到的訪客——中國流亡記者安琪。

安琪告訴我，主人臨時有事外出片刻，東方女友今天不在，主人就請她先接待一下Jean-Paul和我，Jan-Paul還沒有到。這樣我們就彼此相識，接著一起參加了大會。

我們離開嘈雜的會場，邊走邊談：

「你對大會印象如何？」安琪問。

「不錯啊，比預期好些。」我答。

「怎麼講？」她又問。

「推翻籌備組的決定，直選主席大家不是都滿意嗎？」

「你選了誰？」

「我？我哪有資格？」

「什麼？你沒加入？」

「沒加入。你呢？」

「一樣。可是，你為什麼？」

「方向和組織，兩個根本問題未解決。現在的形勢，需要最廣泛的大聯合，外界期待很高。這樣的機會，不抓住很快就會過去。但他們沒有興趣，還是新權威、領袖精英、列寧式政黨那一套。『陣線』在哪裡？他們的興趣在權力，理事會和秘書處衝突不可避免。加入就是捲入紛爭，做不了事。」

「那你打算做什麼？」

「回去寫我的書。你呢？」

「做我的記者。準備度過漫長的歲月，聽到他們講共產黨很快垮台回去搞民主，我感到悲哀。」安琪發出一聲嘆思。

這位流亡記者後來出了一本書《痛苦的民主》，還約我給她寫一篇「序」。

9 在安娜堡

從紐約到密西根，我搭乘的是一種名叫「灰狗」(Gray Hound)的長途公車，開一個通宵，第二天上午到。

傍晚上車，陸陸續續上了十幾個人。沿途上上下下，不超過15人，車裡空蕩蕩。乘客多數是黑人婦女，每人帶一、兩個孩子。最多的帶了3個，一上車就給抱在懷裡的嬰孩餵奶。她們多半是單身母親吧？還有兩三個單身老太太，也是黑人。這趟車一路上下，未見一個白人；除了我，也未見一個男人。因爲是夜間行車，車中人都默默無言，偶而聽到輕微的鼾聲和嬰兒的哭聲。

從晨邊公園到「灰狗」，我看到了美國社會的一角：曾經是美國南方蓄奴時代主要生產力的黑人，相當一部分今天還生活在社會底層。像這些多子女的單親媽媽，尋職難，只能靠政府救濟。她們的孩子，得不到平等的受教育機會，長大了也難找到工作，有些就走向沉淪甚至犯罪，所以美國監獄裡黑人青年很多。

我在車上想，黑人在美國，法律上早就獲得自由平等地位，種族隔離法已成歷史。然而從紐約到底特律，白人大概都會搭乘飛機，或者開自己的車，於是「灰狗」上只剩下貧窮的黑人婦女和孩子了。歷史的創傷，需要歷史來

治癒。但要讓從「晨邊」公園到「灰狗」的黑人青年和兒童們獲得事實上的自由和平等，為什麼總是顯得那麼艱難且無望？阻礙她們改變命運的力量究竟在哪裡？

　　後來我在密西根學會開車，離開時自己開車從Ann Arbor去Princeton，教我開車的兩位好友朱蒨和張能力，主動提出要「護送」我。清晨出發，一路天空晴朗，暢行無阻，傍晚到了普林斯頓大學。從此我再未搭乘「灰狗」。但那一夜情景，歷歷在目。22年過去了，今天美國已經選出黑人總統，不知「灰狗」和「晨邊」公園的情景，會不會有些改變呢？

　　我在密西根大學的「老闆」，是「中國研究中心」的兩位教授。一位新上任的中心主任李侃如(Kenneth Lieberthal)，是初次會面。另一位前主任奧克森伯格(Micheal Oksenberg)，早就認識。1979年我來美國時，他在卡特(Jimmy Carter)總統時期的國家安全委員會工作，負責接待我們代表團訪問白宮。

　　出乎預料的，是一見面兩位都很謙虛。第一次談話，就檢討他們過去對中國的看法「全錯了」。1989年「六四」前不久，胡喬木和李慎之作為他們兩位的客人在這裡訪問，使他們對中國充滿樂觀期待，根本想不到會發生天安門屠殺這種事。這次他們邀請我來，要我幫助他們「重新認識中國」。

　　奧克森柏格有所準備地拿出麥克法夸爾(Rodrick MacFarquar)的兩大本《文化大革命的起源》中譯本，對我

說希望每週有兩個上午，我能夠同他們兩位談談真實的中國。方法是按照麥克法夸爾這兩本書的年代順序（第一卷1956年至1957年，第二卷1958年至1960年），對書中的內容，包括歷史的客觀事實和作者的主觀判斷，提出我自己經歷的事實和看法。

我說：麥克法夸爾的書我看過，大致是從文革中流行的毛澤東與劉少奇兩條路線鬥爭這種判斷出發，追本溯源，追到1956年的中共八大，這是一種逆向推理。原因很簡單：文革之前，中國是封閉的，外國學者難以獲得第一手資訊。美國獲得大量中國資訊，是從1970年代初季辛吉、尼克森打開中國之門開始，那時正處於文革中期。麥克法夸爾對文革有濃厚興趣，從文革的資料出發，先形成「兩條路線」的理論框架，再追溯到中共八大。其實八大時毛澤東和劉少奇的分歧沒有那麼大，對鄧小平更是十分欣賞。我同意每週兩次，同他們一起研究。

李侃如詢問我的研究計劃，我說，「六四」前打算寫《毛澤東帝國》；「六四」後心緒變化，改變計劃，開始寫《鄧小平帝國》。在紐約的一位美國朋友安美杉已把〈引言〉譯成英文，他若有興趣我可送他一份拷貝。他表示有興趣。

李侃如看過《鄧小平帝國》的〈引言〉後，邀請我在他的研究生班上講課。我問他「講課有什麼要求？」他說：「就講你在寫的《鄧小平帝國》，班上學生都懂中文，講課、討論都用中文，你可以放開講。」我幾乎是邊

寫邊講，講了5個星期。

談話將結束時，奧克森柏格邀請我同他一起去看大學足球聯賽。他說，來到這裡一定要看。那時密西根大學的美式足球隊很強，屢獲冠軍。

比賽那天，我們3個都去了。我對美式足球這項運動不敢恭維，總感到少了點運動的審美價值。我更喜歡歐式足球，在上海弄堂裡踢小皮球時就學會了。密西根那場比賽的勝負，早已忘了。留下難忘印象的是美式足球的啦啦隊，一群健康、活潑、熱情、歡樂的漂亮少女，組成變幻不定的隊形，迅速脈動著像一部色彩繽紛的美麗動畫，令人嘆為觀止。我這才明白，為什麼爭當美式足球啦啦隊員，在美國大學女生中競爭那麼激烈？

我自己在Ann Arbor選擇的運動是游泳。每天早晨七點游泳池開放，我就進去游一千公尺，那時人最少。游泳是一種孤獨的運動，一人一條泳道，相距近在咫尺，平行永不相逢。沒有人同你說話，沒有人干擾你的思緒。我發現，在水中，紛繁的思緒，會不由自主地從各方襲來，像在夢中，但比夢清晰。

我不相信「日有所思，夜有所夢」，因為我的夜夢總是在「日有所思」之外的，而且往往混沌、凌亂，醒來不及記憶，很快消失無蹤。我想那恐怕是很大一部分腦細胞在休息之故。倒是偶而工作困倦時的白日夢，雖然短短幾分鐘，夢中卻經歷許多人和事，醒來都清晰留在記憶中，恐怕是腦細胞還活躍著之故吧？

　　游泳時的情境與之相似。腦細胞原來在你指揮下工作，忽然你在水中放棄指揮，不給它指定工作了，於是會有出乎預料的思緒襲來；而且特別清晰，因爲腦細胞還在努力工作。所以游泳是自由思想的好場所。

　　工作，讀書，思維是定向的、單線的。游泳時，把工作和書本丟開，完全放鬆了。游泳本身又是孤獨的運動，沒有夥伴，沒有競爭——游泳比賽除外——不需要定向思考，腦細胞自由了，向各方輻射，萌生意外的新思維。譬如寫書寫不下去了，不能硬寫，寫了也無法用。游泳時什麼也不想，忽然從哪裡射來一箭，把思路貫通了。

　　在李侃如辦公室每週兩次的三人談，我用中文講，李侃如在他的筆記型電腦上用英文記；奧克森伯格在紙本上記，他不會打字，寫作都是交給秘書打。我像是在給兩個學生講課。有時他們提出問題，就停下來作短暫的討論。偶而也會遇到有趣的突發性事件干擾。

　　最有趣的一次，是鄧小平會見美國布希總統特使史考克羅夫特(Brent Scowcroft)那一天，1989年12月10日。我們正在三人談，辦公室轉來電話要奧克森伯格接聽。他聽完激動地說：

　　「布希騙了我們，他6月底(6月30日)已派特使史考克羅夫特秘密訪問北京，還騙我們說尼克森是第一次。現在北京把消息透露給CNN，全世界都知道了。」

　　接著奧克森伯格撥通尼克森的電話，尼克森已經知道，而且非常憤怒，表示要向布希抗議。

　　原來10月下旬奧克森伯格隨同尼克森訪華時，布希告訴他們是「六四」後的「第一次」，標誌「停止高階人士互訪」禁令的取消，意義重大。中國方面也隆重接待。

　　奧克森伯格訪問回來曾得意地對我說，不但會見了鄧小平、江澤民，所有領導人都見到了。在他的印象中，李鵬最厲害，也最危險，將來很可能他掌權。

　　我說，鄧小平不會喜歡這樣的人，所以掌不了大權；要不然趙紫陽下台就可以讓他上，何必從上海調江澤民呢？

　　這回尼克森生氣，是感到布希不告知早先已派過一次特使，是出賣他，使中方小看他。這回秘使消息由中方洩露，更使他感到羞辱；表明中方明知他只是被利用，布希真正信任的是史考克羅夫特。

　　李侃如的研究生課程，是十幾個人的小班，人人都會中文，我講了5個星期《鄧小平帝國》，學生很愛聽，李侃如也同學生坐在一起聽、一起討論。那段時間，給老師講毛澤東，給學生講鄧小平，我覺得很有意思。所以當李侃如提出要我在密西根多待一年，繼續一邊講課，一邊把我的《鄧小平帝國》寫完。他還讓我幫他把嚴家其也請來密西根，已作好安排。我都答應了，當時我認為他真的走出了自己過去對中國的錯誤看法，而且要改革密西根大學的中國研究中心了。

　　那時黎安友已經做好他同嚴家其和我在哥大合開一門課的安排，從1989年度的第二學期（即1990年春季）開始。李

侃如認爲這不影響他的計劃，我們可以兼顧兩邊，教課時去哥大。

12月初我接到嚴家其一封信，突然變卦表示說他不能去哥大教書，也不能來Ann Arbor，要我向黎安友和李侃如解釋。來信寫道：

> 前幾天同一位法國退休外交官談話，無意中談到明年初到哥倫比亞大學講課的事。主管我們事務的外交官知道後十分憂慮。法國把被通緝人士一個個救到巴黎，現在吾爾開希、李祿、劉再復、蘇煒、甘陽一個個去了美國，不久蘇曉康、遠志明也要去美國。現在北京就民陣在法國的成立和活動，已提出15次抗議。法國國內也有一股反對派勢力(如前總統德斯坦)，反對法國政府的對華政策。如果我任民陣主席期間到美國，即3個月、半年，法國方面都難以接受。此事我還未向法國提出，總覺得道義上過不去。此事如何辦，我急於請你想辦法。我到法國後，Andrew Nathan和Lieberthal都非常熱情邀請我，必須好好說明。

我覺得李侃如這裡還好說，他可以邀請別的學者。黎安友的不好辦，因爲下學期開設的這門課程，已列入學生的選課冊。

我同嚴家其商量，不來密西根我可以向李侃如解釋，

說法國方面不放，這裡也還沒有安排你的具體工作。哥大的課程，是我們3個人都同意確定了的，內容大綱學校已公佈供學生選修。因你不來而取消，對黎安友的影響多不好。黎安友說這門課如受學生歡迎，可以成為常設課程繼續開下去，同開幾次講座是不一樣的。而且我們有3個人，你還可以留在法國，需要你主講時再飛過來。你不是也常離開法國到世界各地(包括美國)演講嗎？

然而嚴家其對我和黎安友的勸說都無動於衷，黎安友只好勉為其難，向校方說明原委把課程取消。嚴家其的反覆變化，讓我對黎安友深感抱歉。

1990年的春天，我在Ann Arbor學會了開車，是兩位好朋友朱蒨和張能力教會的。他們是學機械工程專業的，同我一樣。朱蒨說她認得我。她在清華大學機械製造工程專業學習時，參加了舞蹈隊，我那時是團委書記，去看過她們表演舞蹈。

我說：「我怎麼不記得看過你跳舞？」

她開玩笑說：「那當然了，你高高在上啊！我們都認得你，那時你還是我們的偶像呢！」

她和他都有車，先是載我去農貿市場購買食物，寒假時長距離開車一同到芝加哥、肯塔基玩。3月天氣稍暖，她和他提出要教我開車，我一聽喜出望外。朱蒨和張能力用他們自己的車輪流教我，不到一個月就學會了，4月上旬就通過了筆試和路考。這是我來美國後最快樂的一件事。朱蒨還把她心愛的「白色雲雀」(Skylark)賣給了我，

只收我700美元。她說她也是買的二手車，轉給我已是三手車了。

在Ann Arbor的十個月，學校裡的日子很寧靜，得以專心寫我的《鄧小平帝國》。外出活動只有3次。一次是1990年4月中旬，應「走向民主的東歐與中國」國際論壇的邀請，去柏林參加會議並發表演說。5月下旬去巴黎，參加漢學家的國際學術會議。第三次是1990年7月上旬，Merle Goldman出了個題目「Hu Yaobang and Me」，邀我去哈佛大學作一次暑期講座。

1990年6月的一天，奧克森柏格來到我的研究室，喜形於色地對我說：「我又要去中國了！」

「這回你同誰去啊？」我問他。因為想起他上回同尼克森去，還受了布希的騙。

「就我一個，胡喬木單獨請的。這回不是政治訪問，是學術訪問，胡喬木想同密西根大學建立學術合作關係。」他說。

「你可要小心哦，在胡喬木那裡，學術和政治可難分難解，他是以中國的日丹諾夫著稱的。」我警告他。

他是6月底去，7月上旬回來的。若瑛電話中告訴我，她在日壇賓館見過他兩次，託他帶給我一些書和資料。據若瑛同他談話的印象，他對此行似乎不太痛快，談到上回同尼克森來，會見了所有領導人，這回只見到一個胡喬木，賓館也降到日壇。但又說，胡喬木很聰明，願意幫助密西根大學的中國研究，提供第一手資料。

　　奧克森伯格回來後，把若瑛託他帶的資料給了我。他說還有些書，同他自己買的書一起郵寄了。我離開密西根時，書尚未寄到。後來我從普林斯頓打電話去詢問，回答是書到了，但兩人的書混在一起，分不清了。若瑛請他帶給我的，都是不易買到的重要的書，顯然他自己沒有，想要了我的。其實他對我明說，我也可以送他呀，何必如此？後來果然一本也沒有給我。

　　談到胡喬木時，他還是很高興的，說胡喬木告訴他，國際性的中國學，研究1949年以前的比較多，研究1956年以後的也比較多，像麥克法夸爾的《文化大革命的起源》，就是研究從1956到文化大革命。但對1950年代上半期(1949年至1955年)，很少有人去研究。胡喬木認為這段歷史很重要，他可以提供資料給密西根大學研究，在這方面進行合作。

　　我從哈佛暑期講座回來的第二天，李侃如告訴我，再留我一年的計劃，因下年度經費有問題，不能留我了，表示抱歉。我說沒關係，普林斯頓大學余英時教授已邀我到他那裡，原來安排在離開這裡後去，我想從下年度開始，也不會有問題。

　　這就是「胡喬木效應」。李、奧二位，一位請我在研究生課堂上講《鄧小平帝國》，一位提出按麥克法夸爾兩本書的順序、給他們重現1956年以後的歷史。看來我初到時，他們檢討自己看錯中國、想重新認識也是認真的。現在這兩件事未完，藉口經費問題讓我走，顯示他們已被胡

喬木降服，不再想重新認識今天的中國，而情願同胡喬木
合作，回到過去，從胡喬木提供的「第一手」材料中去研
究1949年至1955年的中國了。

10　柏林論壇

　　鄧小平的天安門屠殺，把洶湧澎湃的全球自由民主浪潮，阻擋在中國「反自由化」長城之外。然而，繞過中國，自由民主浪潮繼續前進，在東歐迅速譜寫出輝煌的勝利樂章。

　　1989年6月，波蘭華勒沙(Leszek Walesa)領導的團結工會在國會選舉中大獲全勝，取得參院100席中的99席，另一席也是團結工會的同情者。執政的波蘭統一工人黨無一人當選。

　　1989年10月，匈牙利社會主義工人黨第十四次非常代表大會以絕對多數票通過決議，將黨綱中「社會主義」等詞刪除，改名匈牙利社會黨；決議認為：「迄今的社會主義概念和史達林主義制度已不適於世界發展步伐。」

　　1989年10月，捷克斯洛伐克共產黨總書記雅克什在十五中全會強硬表示：「絕不向反社會主義勢力讓出陣地。」10月17日，捷克首都布拉格爆發大規模示威遊行，演變為全國總罷工，雅克什辭職。11月下旬，捷克斯洛伐克聯邦政府決定修改憲法，取消捷共領導作用條款。

　　1989年11月9日晚，東柏林宣布，東德與西德間邊界將於第二天開放。11月10日早晨，歡呼的柏林民眾推倒了

柏林牆。這面監獄之牆，被碎裂爲大大小小的數十萬碎塊，陳列在紀念品商店供旅遊者購買。

當東歐人民邁開步伐走向自由時，東歐最後一個獨裁者、毛澤東和鄧小平的好朋友──羅馬尼亞暴君齊奧塞斯庫還在掙扎。他在1989年11月的黨代表大會上嚴厲斥責東歐國家的變革，獲得大會代表125次官方統計的「起立歡呼」。

然而當他於12月10日從伊朗訪問回來，舉行盛大集會打算享受更多民眾歡呼時，卻引發了反對他的示威遊行。保安部隊打死40名示威者，激起更多人加入遊行隊伍。齊奧塞斯庫命令國防部長米列亞鎮壓，米列亞拒絕執行後神秘死亡。軍隊憤而與民眾站在一起，推翻了獨裁者。從此，1945年「雅爾達協定」強加給東歐的共產制度徹底瓦解，東歐人民邁進自由民主的新時代。

1990年3月，我接到「走向民主的東歐與中國國際論壇」來信，邀請我參加該論壇將於4月下旬在柏林舉行的國際會議，並在會上發表演說。

那時，我正在安娜堡(Ann Arbor)密西根大學寧靜的校園裡寫《鄧小平帝國》，思考著走向恐怖的中國和「走向民主的東歐」，讀了些比較中國與東歐之差異的文章，無非是「國情」不同、「文化」不同、「民族」不同、「宗教」不同、「經濟發展階段」不同等等，我都無法苟同。

我想，自由是人的本質，是一切人的生命力和創造力的源頭。把人套進各種枷鎖，無論是「國情」枷鎖、「文

化」枷鎖、「民族」枷鎖、「宗教」枷鎖，都是禁錮、摧
殘人的生命力和創造力，把人變成非人，是人的異化。掙
脫這一切枷鎖，從人的異化到人的解放，這是人類走向自
由之路。

在自由之路上，東方人和西方人同樣是人，都要從人
的異化走向人的解放。那麼，為什麼東歐人民做到了的，
中國人民做不到呢？

關鍵問題不在文化、民族、宗教等等，而在製造枷鎖
的「人」。枷鎖製造者是一種異化的人，被貪慾和權勢慾
支配的人。自己被貪慾和權勢欲異化，又異化他人以滿足
自己的貪慾和權勢慾。

中國獨裁者和天安門屠殺元凶鄧小平，就是這樣一個
製造枷鎖的人。他被一黨專政的貪慾和權勢慾所支配，最
怕的就是自由、民主、人權等普世價值對他的挑戰。所以
他反對周揚、王若水的「人道主義和異化」理論，所以他
提出「反自由化」大戰略，阻擋中國人民走向自由。

鄧小平也「否定文化大革命」，但他從來不提毛澤東
的專政機器在文革中對無數民眾、包括造反學生的迫害。
他只反對文革中的所謂「大民主」。鄧小平說，粉碎「四
人幫」後他做的第一件事，是取消憲法中的「四大」自由
(大鳴、大放、大字報、大辯論)，提出「四項基本原則」(堅持社
會主義，堅持共產黨的領導，堅持無產階級專政，堅持馬列主義、毛
澤東思想)。

鄧小平與毛澤東、史達林、赫魯雪夫們的區別，在於

他堅持一黨專政，但不講「埋葬資本主義」。戈揚一句話就點破了鄧小平這個人：「他是拿資本主義當救命草，救他的中國特色社會主義。」打開國門引進外資，是鄧小平的第二個大戰略。

有沒有這兩種大戰略？會不會同時並用？這是東歐與中國命運不同的根源。

東歐在蘇聯帝國統治時期，有第一種大戰略，無產階級專政，那時修築柏林牆，把自己封閉起來。等到實行向西方資本開放的第二種大戰略時，又放棄了第一種大戰略，在國內允許自由化。共產黨競爭不過新生的自由民主力量，自然會失去執政權。也就是說，東歐國家每個時期都只有一手。

而鄧小平始終堅持「兩手硬」，而且越是開放全球市場，拿資本主義救命草救他的一黨專政，反自由化越屬害，開始說反20年，後來增至70年，反到21世紀中葉！

另外一點不同，是自由國家對共產奴役制度國家的差別政策。自由國家向蘇聯－東歐國家開放，附帶自由人權條款，嚴格監督。對中國不要說監督，連一點真正的關切都沒有。

1979年鄧小平提出「堅持四項基本原則」，鎮壓民主牆運動，判處魏京生15年重刑時，民主牆運動人士向美國總統卡特呼籲，卡特置若罔聞。

1989年「六四」天安門屠殺，布希表面上雖有「制裁」，但6月底就派特使到北京安撫鄧小平，使鄧有恃無

恐，更肆無忌憚踐踏中國人權。

　　所以我認為，自由、民主、人權問題在中國，是一個全球戰略問題，是一個需要全球自由國家和自由民主力量共同面對的問題。我打算在柏林論壇提出兩個論點：

　　第一個論點：東歐走向民主，標誌暴力的失效導致帝國奴役制度的滅亡，人類將跨進以智慧和創造力為歷史前進槓桿的自由時代。

　　第二個論點：適應新的時代需要，當前民主運動的歷史使命，就是學會以和平、理性、非暴力的民主鬥爭形式，掃除一切專制暴力，依靠人的智慧和創造力改變舊制度，建設新制度。

　　這就需要改變那些大國政治家們的「全球戰略」。他們跳不出從梅特涅、俾斯麥，到雅爾達協定那套保持軍事力量均勢平衡的陳舊思維方式。二次大戰後東歐人民被剝奪自由達44年之久，就為保持美蘇兩大國家集團的「軍事力量均勢平衡」。現在暴力既已失效，這種「均勢平衡」該結束了。

　　我的講題是「帝國制度滅亡以後」，最後部分從政治、經濟、文化、軍事、國際關係5個方面，提出「後帝國時代」世界面臨的共同課題。(見附錄〈帝國制度滅亡以後〉一文)

　　1990年4月18日在柏林會議上講過之後，會議向全球轉播，反應頗為強烈。因為當時國際輿論對東歐巨變均表意外，各種分析紛紛紜紜。我的分析被認為是「探本溯

源」，找到了東歐巨變的時代歷史根源。

中國的一些親友也聽到轉播。若瑛在電話裡說，我的弟弟阮鐮在上海出差，又到蘇州、無錫走了一趟，遇見他的同事聽到我的講話，對我弟弟說：「你的哥哥講話聲音同你一模一樣，內容很有新意。」

然而二十多年過去了，我在柏林提出的論點，沒有通過歷史檢驗。歷史的發展表明，暴力沒有失效，帝國沒有滅亡。天安門屠殺後的中國，無論是對內鎮壓還是對外開放，這兩手都更硬，結合得更緊密。

有人說，中國的改革，一足向前(指經濟)，一足向後(指政治)，這樣走下去會跌倒，所以應補政治改革的課。

我也曾有過那種看法，認為自由經濟與專制政治共度「蜜月」的新權威主義之路走不通，也走不長。

現在這個「蜜月」已經度了22年，夠長了吧？至於走不通，我仍保留原來的看法，而且認為拖得愈久，付出的代價將愈大。

暴力與開放兩手策略，在中國發展中是密切配合的。暴力對內，用於鎮壓被奴役人民的反抗。開放對外，對國外資本開放。大企業、大地產商來了，看中了哪裡，中國政府就把那塊地圈給你。農民若為保衛土地起來反抗，政府就運用暴力來「平亂」。

掠奪農民土地、拆遷居民房屋、殘酷壓榨工人、破壞礦產資源、污染自然環境，以及由此爆發的人民反抗和政府鎮壓，這是中國每天在發生的事情。而這一切，正是中

國迅速「崛起」並獲得全球喝彩的根源。這幅「全球化」的醜陋圖景，是我在22年前難以想像的。

我想像的是：東歐以及後來的蘇聯共產極權制度崩潰之後，東西方壁壘的打開，人們將迎來一個全面開放的世界。人的智慧和創造力將通行無阻地在全球獲得前所未有的機遇，其創造的價值將普遍提升人類的幸福，消滅舊時代遺留下來的戰爭、饑餓、貧窮、不平和災難。

然而，蘇聯－東歐共產帝國崩潰之後出現的「全球化」，出乎我的想像。人的智慧和創造力，不僅沒有取代貪慾和權勢慾成為歷史前進的槓桿，反而同貪慾和權勢慾結成各種新的聯盟，從國家聯盟、跨國公司聯盟到各種企業聯盟，在全球範圍內扼殺多數人智慧和創造力的實現。

今天的「全球化」，是貪婪的權力聯盟統治下的偽「全球化」！什麼「世界是平的」？世界從來沒有像今天這樣不平！豪門巨富、金融大鱷、知識權貴、房地產大亨、跨國公司老闆，他們自由飛來飛去攫取財富，他們的世界是「平」的。

普通公民必須賣身蛇頭、飄洋過海去求生，一天十幾小時出賣自己的勞力，賺取微薄的工資，還是「非法打工」！夜裡睡幾小時，提心吊膽、躲躲藏藏，怕警察來抓。在這樣的「全球化」環境中，人的智慧和創造力能夠實現嗎？

全球化可以有兩種方向：一種是自由的全球化。蘇聯－東歐共產奴役制度瓦解之後，本來存在這樣的歷史可能

性，把自由擴展到全球和所有人，讓每個人的智慧和創造力都有實現的機會。另一種是奴役的全球化。鄧小平的反自由化戰略，原來只是對內。天安門屠殺之後建立起來的中、美特殊關係，使中國奴役制度的影響力跨越國界，輻射全球。

1989年「六四」之後，美國總統布希不斷派遣特使充當說客，或秘密或公開會見鄧小平。有的只挨了鄧小平一頓臭罵，見效的還是鄧的老朋友尼克森和季辛吉。他們搬出老一套的「大國實力均衡」戰略，說蘇聯－東歐帝國消失之後，美國需要另一個大國來「均衡」日本和歐洲。這說辭正中鄧小平下懷。

以奴役制度大國「均衡」自己的盟國，不是很荒唐嗎？然而尼克森、季辛吉們的「國際關係理論」就是那樣，從慕尼黑到雅爾達的歷史事實就是那樣。老布希的兒子小布希當總統時想改變也改變不了。

如何定義這種奴役制度大國與自由大國的特殊關係？似乎不確定。有時是「戰略夥伴關係」（柯林頓），有時是「全面合作關係」（小布希），我覺得還是佐立克(Robert Zoellick，小布希的副國務卿)發明的「Responsible Stakeholder」最傳神，畢竟他出身華爾街高盛公司，對中國「大股東」瞭若指掌。

比雅爾達更恐怖的是：第一，雅爾達畢竟劃了一條界線，一條蘇聯共產奴役制度難以逾越的界線，使它無法「埋葬」資本主義。

　　第二，蘇聯－東歐帝國是封閉的，孤立的，一旦開放，自由空氣進入，它就瓦解了。今天中國「對外開放」，內部有「反自由化」壁壘，阻止自由空氣進入；卻大量從外部引進資本、技術、管理、人才，強化國家軍事暴力機器，鞏固內部專制奴役制度的統治。

　　這種「Balance of Power」，事實上並不「均衡」，是「Balance of Power Favors Serfdom」，有利於中國奴役制度的內部鞏固和對外擴張。我愛舉「蘋果」公司爲例，它是一個實現人的智慧和創造力非常成功的美國企業。然而它的智慧產品的組裝，卻在中國的奴隸工廠裡扼殺了幾十萬青春少女少男們的智慧和創造力。

　　這些天眞、淳樸、眞誠、茁壯的少女少男，正值智慧和創造力萌發的青春年華，離開了擁抱綠色大自然的家鄉，走進組裝智慧產品的軍營，從此告別陽光、青春和自由，成爲侍候迅速轉動的機器的奴隸。難道人們聆聽不到這數十萬茫茫人海中的少女少男們心中的悲歌嗎？

　　　爲什麼，在這個世界上，
　　　青春和生命力，
　　　要被僵死的機器支配？

　　　爲什麼，在這個世界上，
　　　智慧和創造力，
　　　要被貪慾和權勢慾支配？

　　爲什麼，在這個世界上，
　　眞誠，要被虛僞支配？
　　美麗，要被邪惡支配？
　　愛情，要被仇恨支配？

　　難道，
　　青春和生命力，離開了僵死的機器；
　　智慧和創造力，離開了貪慾和權勢慾；
　　眞誠、美麗、愛情，離開了虛僞、邪惡、仇恨；
　　眞的無法在這個世界生存？

　　深圳「十三跳」時，郭台銘說，我可以捨棄工人，用「無人工廠」代替他們！「無人工廠」不用開燈費電，更省錢！看他得意洋洋，使我想起昔日奴隸市場上的故事：「這麼貴，不如買頭驢！」那時，把奴隸當作「會說話的動物」，其實是只准「聽話」的動物 。現在是把人當作機器的奴隸，機器不說話，人也不准說話！

　　郭台銘算下來，比起省燈省電的機器，還是奴隸的價格便宜。所以他又去成都開設新軍營，招募更多的少女少男。爲了趕工，粉塵瀰漫，幾天就發生大爆炸。

　　人的價值由人的本質決定。人的價格由市場決定。中國市場上人的價格，由貪慾和權勢慾決定，早已徹底背離人的價值。

　　自由與奴役，智慧和創造力與貪慾和權勢慾，

在僞「全球化」中已相互滲透 ，成爲Responsible Stakeholder。爲什麼這種狀況無法改變？因爲投資中國的利潤太高。在金錢的巨大誘惑下，全球大老闆都到了中國，共同壓榨「價廉物美」的機器奴隸——中國農民工。

中國政府正是利用反自由反人權的經濟開放戰略，誘惑全球資本幫它榨取中國少女少男們的血和淚。而中國政府又把自己榨取來的一份，在貪瀆腐敗之餘，用於購買外國債券，投資外國產業，於是貧窮大國成了富裕大國的大股東和大債主。

智慧和創造力是人的本質，需要自由的空氣和環境。貪慾和權勢慾是一部分人的社會習性，需要犧牲多數人的自由以滿足自己的貪慾和權勢慾。這是無分西方東方的普世現象。所以鄧小平的「反自由化」戰略，只要能夠同滿足西方資本貪慾和權勢慾的開放戰略相配合，全世界大老闆都有興趣來嚐嚐中國這塊大肥肉。

人類的希望，只能寄託於默默生長著的，今天還毫不顯眼的，滿懷理想的自由人創立的自由產業。我們不妨看看近在眼前的，台灣的樂樂台北(Lala Taipei Guest House 背包客棧)和三重奏(Trio Cafe音樂咖啡酒吧)這兩家新生的「自由之家」：

在那裡，有創意，有美，有愛；吸引尋找自由的人們來享用，來審美。

在那裡，賓至如歸，親如一家；顧客來了，彷彿回到

自己的家。

在那裡，員工和老闆，猶如志同道合的親友。

在那裡，支配、被支配是相互的、平等的，也是自由的。

在那裡，誰都是主人，賓客的主人，企業的主人，自己的主人。

樂樂和三重奏，用行動譜寫的自由樂章，回答了富士康少女少男們心中的悲歌：自由的空氣和環境，要靠掙脫奴隸枷鎖的一代新人，用自己的智慧和勇氣去創造。

在樂樂與三重奏，我見證了在「柏林論壇」上講的兩位希臘女神，Athena 和 Aphrodite，智慧和藝術、愛和美。

11 鴻雁傳書 (下)

「六四」天安門屠殺之後，鄧小平的「兩手硬」，偏向於「反自由化」的那一手硬，在全國發動大清查、大搜捕，通緝和捉拿「動亂分子」，揪出「幕後黑手」，一片恐怖氣氛。另一手「改革開放」，已硬不起來，導致「經濟大滑坡」(鄧小平語)。1992年鄧小平「舉家南巡」，目的就是挽救經濟。所以從1989年「六四」屠殺到1991年這兩年多，是中國政治、經濟最黑暗的時期。

那時若瑛和我，一個不准出國，一個不准回國，似乎相會將遙遙無期，只能在書信中互訴衷曲。下面若瑛的三束書信，大致反映出她眼中當時的中國，以及她在黑暗歲月中的思緒。

第一束，中國國內大清查與流亡者會師巴黎期間若瑛來信。(1989年7月21日至1989年10月1日)

明天學校放暑假。戒嚴部隊來校看地形，準備搭帳篷，來了幾卡車全副武裝的戰士，在校園內勞動了半天，把草都拔掉。聽說一個月後開學時還要派進工作組搞「清查」，因學校發生過聲援學生遊行和簽名上

書等事。我未參與這類活動，而且已離休，想來不會
有事，你儘可放心。(1989年7月21日)

　　24日《大參考》及港報刊登了你們的巴黎之行，引
起親人們憂慮，但也理解兩個天地各有各的處境，還
望慎言。院內體育館還住了不少戒嚴部隊，禮堂前廣
場上停了許多軍車，他們已住了多時。前天到謙宇處
談天，他已完成《廖承志文集》編輯工作，將任深圳
華僑城黨委書記，準備舉家南遷。他說羅徵啓已被免
職，大概是學運中他又向上寫信，看來他沒有接受教
訓。[1]今天收到你第60封信，還有一個美麗的法國大
革命200週年紀念首日封。(1989年8月5日)

　　前幾天氣氛緊張。除了提到你在巴黎。中央全會上
還印發了你6月份的一個發言，所以限制我離京，特
別不准去南方(暑假可去北戴河)。似乎是防止我出逃
同你相會吧？周揚7月31日去世了，蘇靈揚(周揚夫人)
心臟病住院，還瞞著她呢，只在家中設了靈堂，周密
(周揚女兒)和露菲(周揚秘書)守著，很是悲涼。(1989年8月8
日)

1　1982年羅徵啓在中央黨校學習，胡耀邦原準備提拔他擔任團中央書記，他因陳雲女
　兒侵佔別人出國名額寫信給陳雲規勸，陳雲批「此人不得重用」，「六四」前任深
　圳大學校長。

　　今晨去頤和園觀賞荷塘，只有知春亭周圍的枝葉茂密。我在石頭上小坐，看那千姿百態的荷葉，似乎想從中能尋覓到你的蹤影，可惜我的小荷葉遠在天邊。五妹(顧群)有信來，她很惦記我，為我們不得相聚著急。下午去孫偉(孫長江夫人)家，他們的小女兒孫凌也於上周三赴美留學去了。只剩下他們老兩口，他(孫長江，《科技日報》總編輯)已免職，令留下檢查，已算幸運。小張(李洪林夫人)的老伴(李洪林)已不在家中(被逮捕)，剩她一人傷心落淚。(1989年8月20日)

　　連日大雨，待在家中格外想念你。想起我們新婚就分別兩地的思念，那時半月、一月尚可以會面，現在不能了。但與更不幸者比，我們還算幸運，你是安全的，我尚有一點人身自由，我們真可謂患難夫妻，在一起都是共患難，命運又捉弄我們不得相會。不過有你遙遠的愛相伴，我會勇敢地承受一切磨難，盼來我們幸福團聚的那一天！雨夜改填〈長相思〉一首，寄你為念：

長相思(雨夜)

一葉葉，一聲聲，
窗外白楊窗裡燈，
此時無限情。

夢難成，恨難平，
不道愁人不喜聽，
檐流滴到明。

贈親愛的小荷葉
你的花 89•8•23

　　22日全校開了動員清查、清理大會，提出9大問題
必須查清，19種人是打擊清除對象，其他人是教育提
高認識問題，要搞到年底。清理過後黨員重新登記。
我退下來真對了，否則少不了要查學生的事。新權
威主義者吳某(吳稼祥)也去了群島(坐牢)，他那麼賣勁
宣傳「貓論」[2]，但人家卻說他是趙紫陽的吹鼓手。
(1989年8月24日)

　　今天下午去八寶山參加周揚的遺體告別，出席的人
很多很多，汽車都停在了大街上不得進入。輓聯掛了
幾層，人們以無言的哀傷悼念周揚。我代你也簽了
名，訃告是寄給我們兩人的。「暴亂」以來，朋友們
都疏於走動，今日得見面，互以緊緊握手表達心意。
熟人太多了，我連打招呼都來不及。有些多年不見
的朋友打趣說我更年青漂亮了。大概因為我燙了頭

2　指鄧小平的「黃貓白貓，抓住老鼠就是好貓」。

髮，又穿了件深藍色、白領子的絲綢襯衫(是大姐送我的)。許多老中宣部的人都讓我代問你好。(1989年9月6日)

收到你9月12日自南方歸來時的信，非常高興。照片我很喜歡，很自然，很有性格，而且看起來親切有趣。我早該為你的初步成功祝賀，一年來你可算打開了局面，那麼多教授邀請你去演講，3個大學為你申請Luce基金，這種情況恐怕不多吧？我為你驕傲，你一個人奮鬥，我卻幫不上忙，真令我焦急。你別太勞累了，在如此忙碌的情況下不可能再去掌握英語，別為此著急，你已經做得很多了，我肯定比你懶散得多，今後要努力抓緊時間學習。小純(弟弟阮鐮的女兒阮純)非常欣賞你在巴黎的幾張照片，連聲叫好，還說「伯伯去了那麼好的地方，真讓我羨慕！」(1989年10月1日)

你孤身一人去密西根，更要保重。你的〈當前中國民運的目標與策略〉一文，大姐夫婦極表贊同，只是擔心這種有份量、有理論的文章更易引起注意，大姐最擔憂我們不得團聚。我很理解完全不出聲音是不可能的，只要健康愉快地生活和工作，我也就放心了，朋友們也為此慶幸。(1989年10月20日)

第二束，在安娜堡(Ann Arbor)密西根大學時收到若瑛的信。(1989年10月20日至1990年7月16日)

　　昨天下午寄你一信並附《光明日報》文章[3]，惡言惡語的謾罵更增添我對你的惦念，你不要為此生氣。我早有思想準備這一群是不會放過你的，千萬要注意安全，他們懼怕你的言論、文章和影響。鄧小人(鄧力群)最近約集吳冷西、熊復、林默涵、許立群等人商量重振旗鼓之策。《光明日報》文章是鄧小人讓他手下親信魏建林寫的。我是絲毫不怕他們，這個家也沒什麼可抄的了，我這裡你不必掛念，我是堅強的，只是要做我倆不得團聚的精神準備。晚上有學生特意來看我表達慰問和支持，他們說我如需要幫助，一定要叫他們，真是可愛的青年。這幾天在校園路上，碰到的人都熱情打招呼，有的還停下來問候，問你有沒有信來？他們和我並不熟，有些我還叫不出名字，人們以此方式表達一種關懷。姐姐們更是關心，兩次為我聚會。我雖一人在家，並不感到孤獨，時刻感到小荷葉的愛陪伴著我。(1989年11月26日)

　　近十天沒有收到來信，也沒有聽到你的聲音，非常惦念。昨夜接到電話十分高興，知你一切安好，我也

3　指一篇批判《新啟蒙》的文章，其中點了阮銘的名。

就放心了。世上之事哪能都盡人意。目前這裡處於冰天雪地，你再耐心堅持一段，度過這嚴峻時期吧。看來在美團聚更困難了，只要你平平安安，我和姐弟們也就放心了。雖然我倆遠隔萬里，只要兩心相知，仍然是幸福的。窗外正下著鵝毛大雪，掩蓋了大地上的一切污濁，令人感覺清新，我愛潔白的雪。親你，為我們的節日(結婚26週年)祝福！你的花花。(1990年2月14日)

　　星期日下午又去看了大孫(孫長江)，他已由科委黨組織寫了一個很客觀的評語，轉回北師院重新登記，不算撤職，是「不再繼續聘任」，總算逢凶化吉，真可謂「大聖」(孫長江的外號)。前兩天小張去過孫家，她雖去探視過老伴(李洪林)一次，仍痛苦不堪。老李以前沒受過大的磨難，她也沒有這方面的鍛鍊，日子很難熬似的。過去只是圍著老伴轉，一旦老伴見不上，自己就六神無主了。我想以後常去看看她。大孫說我是久經鍛鍊、見過世面的，精神狀態完全不同。親愛的小荷葉，是你改變了我的生活道路，使我從一個簡單幼稚的女性變得更堅強；是你，還有媽媽，鼓起我追求幸福生活的勇氣。挫折、患難壓不倒我們，反而令我們感到終將戰勝它而使生活變得更充實更有意義。我永遠不會感到孤獨，你充滿了我的生活，你就在我的左右。你一人在外，一定要好好注意身體，為了我

們幸福的未來千萬保重！親你！想念你的花花。(1990
年2月27日)

　　你從Ann Arbor和柏林來信均收到。國內許多朋友
都很關心你，特別讓我囑咐你，不要太天真而失去警
惕。友人告知可靠信息，官方將你列入在外「表現最
壞」之列，原因是你講真話，講了上面的一些事實；
而且說你的觀點最能影響人(比那些民陣頭面人物)。
情況十分複雜，你不能過分單純，安全問題千萬注
意。小弟(阮鐮)出差到上海、無錫、蘇州等地轉了一
趟，回來說他的同事聽到你的柏林演講，口音同小弟
一樣，但又流利、又清晰，富有新意，講了20分鐘，
比小弟的演講強多了，言下頗為讚賞。雖說你的見解
溫和，既反對暴力鎮壓民主運動，也反對民主運動使
用暴力，但那些專門害人生事之徒會不會又借機攻
擊。4月30日《人民日報》登了一版文章，題為〈反
社會主義反馬克思主義面目的大暴露——評蘇紹智在
海外的若干言論〉。(1990年5月3日)

　　上午10時接到安美杉電話，我11時到她住處，談至
12時一刻才離開。真沒料到你讓她帶來那麼多東西。
我有點不好意思，把堆在桌上的東西一一裝入提包。
她問我小禮品盒打開看了嗎？我說沒有，她說「應該
馬上打開看看。」我打開一看，真沒想到是金光閃閃

的一枚戒指，我還從來沒戴過這樣的首飾呢。她看我戴在指上正合適，也非常高興。她告訴我出書的事，說出版商對你寧願保持書的學術價值而不要更多的錢很驚訝；她說這個商人以為中國人都愛錢，還是第一次遇到你這樣的中國人呢。出版商讓她勸你，安美杉卻同意你的選擇。你現在還像照片上那樣胖嗎？照片上的狗為什麼和你那麼友好？(1990年6月1日)

哈佛給你出的題目你打算怎麼講？[4]想好了嗎？我覺得在較大範圍的公開演講少講內部的事，多講他在歷史轉折時期的貢獻以及你同他接觸中看到的他的人品、性格等。你送我的美麗戒指我戴給大姐看了，大姐也說很好看。你來信講到這枚戒指的象徵意義，我更加喜愛它了，現在常常戴在手上。(1990年6月14日)

意外地收到你自法國託人帶來的信和食品，真是太多了。我怎麼能吃這麼多呢？兩種果仁都很好，大鐵盒的更香脆。你對民陣的看法很對，他們在國內給人印象不佳。這次托奧克森伯格帶給你的書比安美杉帶的更多。昨晚廣播方勵之夫婦去國外「治病」的消息。大姐又充滿希望，說不要錯過機會。她為我們真操心不少，可是我仍感到困難重重。(1990年6月17日)

---

4 指Merle Goldman教授出了個題目「Hu Yaobang and Me 胡耀邦與我」，邀我去哈佛大學作一次暑期演講。後來出版時，書名改為《歷史轉折點上的胡耀邦》。

　　今天是你的生日，我去頤和園荷塘邊拍了兩張照片「我與荷葉」。前幾天老中宣部的人去為老部長陸定一慶85歲壽辰，談到胡喬木在中央顧問委員會提出黨員重新登記不能走過場，一定要讓幾個人不能登記，確定了4人：李昌、李銳、杜潤生、于光遠。消息傳出，有人問于光遠，他還天真地說：「不可能吧？」[5]秦川在陸定一面前談到這裡十分激動，悲憤落淚，他說：「革命一輩子連黨員資格還操在這幫人手中！」今年「六四」，有大學生摔啤酒瓶上千個，還從樓上往下扔紙錢，僅大姐的中央戲劇學院扔下的紙錢，用兩卡車才拉走。北京大學三角地有近兩千人集會演講，還錄影傳到國外。當局加緊防範仍止不住。戴晴寫了〈我的入獄〉，在《明報》連載，說「作為一名公民，我可能會批評政府，是希望他更健全、更強大；如果被誤解成了自己國家的囚徒，我也不願流亡國外，如嚴家其那樣。我不但不發表過激言辭、不犯忌、不私下接觸學生，也不成立或參加組織，不與部隊衝突，我更不能跑，我就在家中研究蘇曼殊，向領導報告我的行止。」還寫了獄中待遇很好之類，有人懷疑她是內線人物。另外，同你合作研究的奧克森伯格直通黨政關鍵人物，你談問題要注意分寸。你過去一年半對事情的判斷還不錯。(1990年7月3

5　後來因陳雲批示「對老革命同志組織處理要慎重」，胡喬木之計未成。

日）

今天收到你7月2日的信，期盼著我們一起旅遊美國，而我只盼能飛到身邊就十分滿足了，有你的疼愛我感到很幸福，很驕傲。你給我的那張詩文卡我很喜歡，它那麼貼切地表達了你的心。我找到了理論工作務虛會的名單和你給胡耀邦寫的〈引言〉手稿和胡在上面的修改和批語，請奧克森伯格帶給你。上次同奧見面時，他說他對胡喬木印象不錯，人很聰明。此人上回跟尼克森來，所有領導人都見了，這回一個人來，只能見到胡喬木，談話中似有失落感，少了點學者風度。(1990年7月16日)

第三束，天邊忽然出現「一線希望」。在普林斯頓大學時的若瑛來信。(1990年11月2日至1991年8月28日)

小青來電話祝賀大姐生日，說到你在普林斯頓大學很受歡迎。那次歡迎會上你用英語致辭，讓英語老師十分高興，稱讚你是她的最好學生。小青說你被邀請擔任普大洛克菲勒學院的College Fellow，又學會開車，還在學電腦，已成為美國化的現代人，顯得特別出色。我真為你高興！上星期五下午，去小六家，看了一段新聞錄影，是民陣第二次代表大會新聞，其中有你身穿白西服打了領帶。這段新聞是小六去日本期

間玉寒錄下的得意傑作，我們重放了幾遍看你的風采。(1990年11月2日)

　　昨天下午4時，去建國飯店見到了孫露瑜(普林斯頓大學「中國學社」秘書)，她先帶我到咖啡廳請我喝下午茶，吃了一碟小點心。回到房間拿出你托她帶給我的東西，那件「小禮物」太貴重了。她很興奮地問我：「喜歡嗎？很漂亮！」我告訴她同上次安美杉帶來的戒指是一套(紅寶石與小鑽石間隔的項鍊和戒指)。她高興極了，還作出很神秘的樣子說你如何思念我，勝過年輕的戀人。她說普大的傳統，特別關懷政治上受迫害的人。我送給她一件花棉襖，一試穿非常合身，顏色她也喜歡，穿著捨不得脫下。她以擁抱我表達謝意，直到熱得耐不住才脫下。談到七點多鐘又去餐廳，她請我吃了你最愛吃的法國牛排，喝了大杯法國葡萄酒。她說非常高興讓我吃到你喜歡吃的菜。我們邊吃邊談，直到晚上十點多鐘。她又要了出租車，陪送我到頤和園才分手。我托她帶給你一盒資料(即用你送巧克力的包裝盒)、一袋茶葉，還有水仙頭，你們每人兩頭，還送她四顆雨花石，可以放在水仙池面上。你要給她講講南京雨花台及雨花石，教給她如何泡好水仙花。她很喜歡花，希望你們成功。孫對你印象極好，我覺得她帶幾分天真，很可愛。(1990年12月4日)

聖誕夜正思念你將如何度過時，接到你的電話。那時我正在看一個電視短劇《聖誕伴侶》，講一個失去老伴半年多的美國老人，不願離家去兒子家，又怕一個人孤獨，去社會服務部門找一個伴侶一起待兩天，共度聖誕，收費500美元。結果來了一位婦女，老人對她頗有好感，她卻不許他向她提任何問題。最後分手時才道出她不是單身，而是為500元報酬，她就是那位社會工作者的妻子。方知500美元對一個貧困家庭不是無關緊要的。(1990年12月27日)

近半個月都是每週接到你兩次電話，很高興，但又覺得太破費了。不過這是聖誕節和元旦，就破費些吧。小弟、海嬰處都見到你寄來的賀卡，可是3位姐姐和我都沒有收到。世上真有這類滅絕人性的壞蛋，扣壓人家的平安家信，難以讓人置信，他們幹這種缺德事不怕折壽嗎？你的信常被扣，又增添幾分離別的苦惱。小青給我的賀卡上寫著，你們一起去參加Party，她說你紅光滿面，得歸功於普林斯頓大學的學院食堂，她希望你在普大多待一年，等到我們相聚的時候。(1991年1月7日)

昨天收到你1月24日來信和「特快專遞」的大郵袋，一打開玫瑰花香撲鼻飄來，這一夜我似依偎在你深深的、濃濃的愛的懷抱裡。這一週收到你的5封

信，真是喜出望外。(1991年2月4日)

　　今天會見了周小宣(傅作義的外孫女，哥倫比亞大學學生，回中國探親)，她給我帶來了手錶和相機，還告訴我你如何精心為我選購手錶，說比王若水買的「情侶錶」強得多，但你自己只戴20元的廉價錶。小宣說你為我什麼都捨得，她因走得急，你為我買的心形盒巧克力沒有來得及帶上。我已同姐姐(阮寧)通了電話告訴她，你買了一個很好的相機，明天我去帶給她，她非常高興。你來信談到要出一本有關胡耀邦的書，我看不錯，人們愛看，書名也改得好。[6] (1991年3月16日)

　　團聚之事似乎有了一線希望[7]，你可以寄來普林斯頓大學和你個人的邀請信，直接寄給我。(1991年6月1日)

　　團聚之事仍無消息，原本平靜的心情卻有些焦躁起來，常常想著我們真的能團聚了嗎？那該多麼美好？大姐最為我們「天各一方」著急，我們能團聚也除了她的「心病」。(1991年6月9日)

6　指在哈佛的演講「胡耀邦與我」，出版時書名改為《歷史轉折點上的胡耀邦》。
7　指美國國務卿貝克與李鵬談判最惠國待遇的人權條款，提出蘇曉康、遠志明、阮銘等5人家屬應予放行，李鵬已表示同意。

　　6月10日下午在大暴雨的間歇中送來你的專遞快件，這個手續是完備的了。昨天傅麗(蘇曉康夫人)來電話說，她和劉麗莉(遠志明夫人)又去了一趟公安部打聽消息，答覆是上面無任何動靜。她倆原來滿懷希望，已經去採購兩次衣物，現在變得毫無信心，無人促其落實的話，恐怕只是外交詞令說說而已吧？(1991年6月12日)

　　昨天下午去建國飯店會見了小薇夫婦。小薇說你精神狀態很年青，而且獨立性強。她只是為你開車擔心，說你剛考上駕照就從密西根開到普林斯頓。你來信對團聚充滿信心，這裡毫無進展，只怕是說說而已，並不落實。小薇丈夫(Arthur Waldron)說，或許在尋找一個時機來落實。我們耐心等待吧。(1991年6月16日)

　　7月1日我去公安部出入境管理局探問情況，由於我態度誠懇，對方回答也很有禮貌。他確認有一個允許出境的名單，其中有我的名字，讓我耐心等待，找個適當時機放行。我一聽，同那天Arthur的判斷幾乎語言都一樣。但傅麗和劉麗莉得到的回答仍是「尚未得到上級通知」、「沒有任何新消息」。今天收到五妹(顧群)來信和生日卡，她說也給你寄了，她記得今年是我們60整壽。她前段忙累，體重掉了10磅，現在不到100磅。原因是妹夫趙介綱冠心病住院，家中又修

房子，裡外操勞。(1991年7月8日)

昨天(17日)上午劉麗莉又去公安部探問出境事，回答沒有任何新消息。她和傅麗十分灰心。中午我們3人見到了美國使館一秘楊甦棣，他說前些日子同中國外交部北美司官員談起此案，他們(外交部)認為沒有問題，估計樂觀；可能問題在公安部。燕谷(五妹顧群之子)在報上看到我8月份可出去團聚，五妹打電話到大姐處探問。鋼鋼(若瑛六弟之子)也從澳洲報上看到這消息，國內也有人聽到傳聞。我們都認為8月上半月是關鍵，8月解決不了就無望了。我們都不敢抱太大希望，真是折磨人。(1991年7月18日)

收到你遷入新居Fox Run的來信，看來環境優美，而且我們團聚有望。我得知公安部已正式通知學校放行，告訴了六弟。玉寒(六弟妹)十分激動，立即告知大姐，他們又通知了三姐。六弟因即將離京，先為我們祝賀，同去華龍街朝鮮餐館吃了一頓燒烤。玉寒又告知了小五(阮崇武)，他7月31日下午開車接小六(阮崇德)夫婦和我去他家，親手為我們燒菜。小五手藝真棒，做的乾燒魚、烹大蝦，比飯館裡的更鮮美。昨天是八一建軍節，三姐從中宣部會議中溜出來參加家宴，大姐夫婦、二姐和我都去了。親人們都為我們即將團聚祝賀。海嬰(魯迅獨子)也約我8月4日去他家。我催問

校方兩次，答覆此事的電話記錄正在各位校長中傳閱，又值放暑假，校長們都不在校內，住地分散，傳閱費時。(1991年8月2日)

這一週進展神速。星期一校長傳閱完畢後仍未給我開介紹信，原來是批示組織局親自去公安部核對情況，星期二才給我開了信。我當天下午去公安局簽證處領表，星期三經老幹辦與組織局兩層簽字蓋章，寫了政審意見，我於下午送至簽證處。辦手續非常簡單，開始他們要你的護照複印件，又說公派人員需所在單位開信(要海南開信)。我講明情況後就一帆風順了，不僅不讓我排隊等候，而且主動給我「加急」，10天後拿護照(通常25天)。這樣我17號就能拿到護照，如美使館簽證順利，我們二十幾號就可以見面了，我真高興！(1991年8月8日)

收到你7月27日來信，講到你得到好消息的喜悅，那麼多朋友為我們高興。傅麗打算買中國民航機票，他有熟人可優惠7折。我和劉麗莉一起走，她的孩子小，非常高興路上有伴。(1991年8月15日)

8月16日取得護照，因是星期五，所以等到星期一才去使館，正值開學前簽證高峰，先照顧急待入學的留學生，探親暫不受理。我的情況受到關照，手續極

順利，兩天就拿到簽證。今天去公安局辦第二張出境卡，手續就全部完成了。(1991年8月23日)

　　這封信可能是在國內寄給你的最後一封信，我們很快就要會面了。真高興，終於盼到這一天。上星期日去海嬰家告別，他送你一筒上好的龍井茶。下午又去會了老孫(孫長江)，他要我再去一趟，約幾位朋友餞行。楊師母(魯迅友人楊霽雲夫人)來了三次電話約我再見一面，估計她準備了禮物要我去拿，新雲說還是去一趟。下週約小弟(阮鐮)來幫我收拾電器，託付他照管一下家。這幾天有幾位同學來話別，我尚未對周圍同事講探親事，臨走前再說。(1991年8月29日)

以下錄自若瑛的「來美大事記」：

　　1991年9月15日，離京赴美，與劉麗莉、嫻嫻(遠志明、劉麗莉之女)同行。下午3時起飛，7時抵達東京成田機場，住機場旅館。

　　1991年9月16日，上午10時半赴機場，12時起飛，紐約時間11時降落甘迺迪機場。M(阮銘)、遠志明來接機。

　　「一線希望」成真。若瑛與我一別3年，終於團聚在花園州(Garden State，紐澤西州的別名)美麗的普林斯頓校園。

12 中國學社

1990年8月，應余英時教授的邀請，我到了普林斯頓大學。余先生與我初次相識，是在胡耀邦去世那天(1989年4月15日)紐約的一次「中國五四運動70週年」研討會上。余先生上過燕京大學歷史系(1949級)，我們也可以算是同學，雖然當時互不相識。

「六四」之後，普林斯頓大學的學生請我去演講，那天余英時教授也來了。演講結束後，余先生對我說，學校的一位校友捐贈了一筆錢給東亞系，準備幫助中國流亡知識分子和學生在普林斯頓大學研究和學習，問我願不願來？

我聽了十分高興。普林斯頓大學早就是我嚮往之地，1979年時來過一次，知道這個學校崇尚學術自由，愛因斯坦下半生的流亡生涯也是在這裡度過的。我告訴余先生，下一學年我準備去密西根，因他們已作好安排。明年暑假那裡一結束我就來。

那天來聽講的，還有孫長江的女兒孫競和她的男友商志剛，她和他在附近的羅格斯大學學習，是聞訊開車來的。演講結束後，孫競堅持要開車送我回紐約。我們3人在紐約共進晚餐，聊了很久才分別。孫競說她回去就打電

話告訴她爸我們見面了。

　　一年後的夏末，我抵達了普林斯頓美麗的校園，暫時住在余英時的學生王汎生家(因王汎生夫婦回台灣渡假，房子空著)，然後自己再慢慢找房子。我在學校廣告欄裡看到有一處「半套公寓」出租，即一臥室帶一衛浴，客廳與主人共用，離學校近，月租400。

　　林霨(Arthur Waldron,普大歷史系教授)夫婦陪我去看房。那裡周圍環境很幽靜，主人Margaret十分友善。她是位單身職業婦女，在普林斯頓大學洛克菲勒學院任職。Arthur向她詳細介紹了我的情況，她立即表示歡迎，當下就簽了合約。

　　出乎意料的是，我搬進新居的第二天，Margaret下班回來對我說，她向洛克菲勒學院院長介紹了我的情況，院長決定邀請我擔任學院的College Fellow。我問她：College Fellow是怎麼回事？

　　Margaret說：普林斯頓採用英國式的學生管理方式，對一、二年級學生，教學方面由各個學系管理；生活方面由各個學院管理。每個學院都有獨立的宿舍樓、食堂，供院內學生住宿、用餐，周末組織學生參加各種文化活動，如到紐約觀賞戲劇、聽音樂會等。學院聘請College Fellow，同學生一起用餐，共同參加一些活動，可以通過交往，幫助學生接觸更廣闊的世界，獲得更多的知識。

　　她還說，在洛克菲勒學院的College Fellow，我是唯一的中國學者，學生們一定會感興趣的。果然，我第一天

到學院餐廳用餐，剛找了張空桌坐下，一位女學生就過來坐在我對面，大聲說了聲「你好！」我很驚訝，問她：「你學過中文？」

「在夏威夷學過一點，那裡是美國離中國最近的地方！」她回答。後來我們就中文夾雜著英文互相交談。她叫瑪麗亞，家在夏威夷，她是申請軍方獎學金來普林斯頓的，畢業後還要爲軍方服務兩年。

談了一會她自己，就問我天安門的事。她說過去美國人不大關心中國的事，那幾天大家都看CNN，談論天安門。我說那時我已離開中國，在哥倫比亞大學，同她一樣看CNN。我告訴她，天安門廣場指揮部的總指揮柴玲已逃離中國，余英時教授已邀請她來普林斯頓，她來了我可以帶她來同你談。

我把這次經歷告訴了房東Margaret，她說，學生對天安門感興趣，柴玲來了也請她當College Fellow。我問：「她是研究生，可以嗎？」

「特殊情況可以，」Margaret說：「她是總指揮呀！」後來柴玲也當了洛克菲勒學院的College Fellow。

1990年10月25日，普林斯頓大學舉行記者發佈會，正式宣佈「普林斯頓中國學社」(Princeton China Initiative)成立。出席記者發佈會的，有「中國學社」董事長(即學社經費捐贈者)艾理略(John B.Elliott)，董事會董事余英時教授，還有聘請到「中國學社」的學者和學生代表陳一諮、蘇曉康、阮銘和柴玲。余英時教授介紹了學社成立的緣起和狀況。余

教授說：

　　——1989年天安門屠殺之後，普林斯頓大學創立「中國學社」。這是緣起於一位美國朋友艾理略(John B.Elliott)先生捐贈了100萬美元。他是美國企業世家，普林斯頓大學1951級的校友。畢業以來，他一直是普林斯頓大學中國研究和葛思德東方圖書館的「護法」(Patron)，前後大大小小的捐贈已不計其數。

　　——普林斯頓中國學社的宗旨，是提供「六四」後流亡美國的中國知識分子和青年學生一個研究和學習的環境。初步的計劃是邀請20位左右的學者，在這裡作兩年的研究。還有天安門學生領袖柴玲，準備在普林斯頓大學繼續學習進修。

　　余英時教授還給我們講了艾理略先生支持天安門學生運動的故事。當北京宣佈軍事管制的緊張日子裡，普大的幾位中國學人決定在《紐約時報》刊登全版廣告，警告中國政府無論在任何情況下不得用武力鎮壓和平請願的學生和人民。全版廣告費是45,000美元，大家已籌措到40,000元，還少5,000。那天艾理略正好來東亞系，看到大家忙進忙出，打電話商量，覺得好奇，問余英時有什麼事？余英時告知實情後，他立刻慨然承擔這不足的5,000美元。之後余英時應邀到台灣大學演講，在台北接到普林斯頓大

學電話，告訴他艾理略不聲不響到校長室，捐了100萬美元給東亞系，支持受中國政府迫害的流亡知識分子和學生。

為了處理學社的行政工作，艾理略還請來一位加拿大籍的孫露瑜(Lorraine Spice)小姐擔任學社秘書。學社成員除了做各自的研究之外，學社還請了英語老師，幫助進修英語。我在「中國學社」正式成立的歡迎會上以英語作了3分鐘的簡短致辭，博得英語老師的稱讚，第二天她給我寫了封長信，稱我是她最好的學生。

我只是簡單談到普林斯頓大學擁有保護因抗拒暴政而流亡的知識分子的傳統，今天我們在這裡研究的Jones Hall，在這裡聚會的壯思堂，正是當年愛因斯坦抗拒法西斯暴政流亡到這裡度過他學術生命的地方。我們要感謝普大和艾理略先生、余英時先生，讓我們這群流亡知識分子，能夠在留著昔日愛因斯坦足跡的地方，自由地研究和學習。我只是希望，在這裡不需要像愛因斯坦待那麼久，就能回去為自己國家的自由貢獻力量。

開頭兩年，這個流亡團體適應得還不錯。那時大家認為，兩年內中國形勢總會有變化，也許可以回國了吧？

然而兩年很快過去了，中國的形勢依然嚴峻。1992年鄧小平南巡之後，一方面，經濟領域對外開放不但恢復，而且開放得更快更大；過去是陳雲的「肥水不能往外流」，現在不但肥水可以往外流，而且主動引進外資來吃中國這塊大肥肉。另一方面，政治思想領域反自由化也更

厲害，國門依然對流亡者緊閉。

在普林斯頓，艾理略捐贈的100萬美元已用罄。余英時教授又設法通過台灣三民主義大同盟的馬樹禮先生，從台灣政府的正式預算中得到資助，使「中國學社」得以繼續存在。普林斯頓大學的政策是不接受外國政府的資助，因此自1992年7月開始，普林斯頓中國學社已脫離普林斯頓大學，成為獨立的學術機構，仍由艾理略任董事長。學社只增加了一項研究工作，即為陸委會有關中國的選題提供研究報告。

中國學社從普大獨立出來那一學年(1992年至93年)，我應邀在哈佛大學做研究。哈佛的Andrew Walder教授為我申請到一份魯斯基金會的Scholarship，參加費正清中心的「中國文化大革命」研究課題。若瑛和我為參加哈佛的暑期英語班進修課程，6月初暑假開始就到了波士頓，住在Cambridge的Ezra Vogel(傅高義)家裡。

在哈佛時，「中國學社」開執行委員會討論研究計劃時，我開車去Princeton參加，當晚開車回Cambridge。學社的其他事情我毫不知情。有一天，學社秘書Lorraine[1]來Cambridge找我。

她告訴我，學社內部遇到危機，對學社的性質、成員、工作方式和報酬都有歧見。一派主張採取美國企業的管理方式，雇員服從主管意志，完成交派任務，考核工作

1　我們通常都這樣稱呼孫露瑜，不稱她的中文名字。

績效，達不到主管要求的標準，隨時可以被解雇，薪資也分等拉大差距。Lorraine說，她在加拿大做過公司，所以開始也贊成這種方式，誰不努力先警告，警告無效就走人；還擬定了新的分等薪給，但遭到另一派、尤其年輕社員的反對。

我問她余英時的意見。Lorraine說余先生不贊成這種意見，她自己後來也覺得行不通。但有人很堅持，表示余先生不贊成「改革」就去找董事長艾理略。

我告訴Lorraine，精神生產不同於物質生產。精神生產需要靠智慧和創造力，需要自由思想和獨立精神，需要自由的空氣和環境，你在中國學社要爲這個群體創造這樣一種環境。所以余先生的意見是對的，靠權勢和壓迫的工廠只能生產硬件，生產不出軟件。

Lorraine很天真，也很聰明，聽了我這幾句話，就笑了起來。我對她說，你可別高興，你想解雇別人，你有沒有想到別人也會解雇你哦？

她睜大眼睛作驚異狀，顯然從未想過。這位加拿大小姐非常熱愛中國文化，非常熱愛「Princeton China Initiative」，當然也非常熱愛自由；所以才放棄加拿大公司的高薪到Princeton與我們這群流亡者同甘苦，共命運。她始終夢想著有一天，同我們一起回到自由的中國。

那場「危機」，在余英時教授介入下很快歸於平靜。我從哈佛回到普林斯頓時，學社的運作一切正常，Lorraine還是那麼積極熱情，我們合作辦了一場很成功的

「香港問題研討會」。

這是一場大型的國際研討會，由普林斯頓中國學社、未來中國學社和普林斯頓大學東亞系聯合舉辦。實際上出力最多的是普林斯頓中國學社的Lorraine和未來中國學社的藍征兩位「無名英雄」，一切繁重的具體工作都是她和他做的。

會議於1993年10月23日至24日開了兩天。那時香港「回歸」中國之日迫近，天安門屠殺陰雲不散，國際上對香港的命運高度關注。受邀出席此次研討會發言的人士有：

香港：立法局議員、民意領袖司徒華、劉慧卿、陸恭蕙。(許家屯也從美國西岸趕來，但似乎還「心有餘悸」，表示不便在大會亮相，只在會場外與人交談。)

台灣：焦仁和，陳政三。焦仁和告訴我，他現時的職位是陸委會副主委，但已委任他擔任海基會副董事長(董事長是辜振甫)兼秘書長，回去就上任，以後要多同中國人士接觸了。陳政三是他帶來的一位能幹的科長，在會外與各方人士聯絡，熱情友好。

美國：普林斯頓大學教授余英時、鄒至莊(Gregory Chow)、林培瑞(Perry Link)。美國前駐華大使李潔明(James R. Lilley)。哈佛大學教授傅高義(Ezra Vogel)。密西根大學教授李侃如(Kenneth Lieberthal)。

中國：王若水、戈揚、李洪林、孫長江。普林斯頓中國學社的成員也都參加了會議。

對這次會議的評價，我只想引用會後傅高義來信中的一句話：「That was a wonderful conference in Princeton!」

會議之後，Lorraine很高興，很有成就感。因為這次會議的確她出力最多。像劉慧卿就很難邀到，Lorraine費了好大力氣終於答應來了，條件是提供商務艙。Lorraine來同我商量。我問她司徒華、陸恭蕙會不會有意見？因為我想，中國來的是我的朋友，不會有意見。主要是怕香港來的兩位，會不會因差別待遇不高興？

Lorraine說，司徒華和陸恭蕙都很好說話，向他和她解釋一下會諒解的，我們的經費太少；劉慧卿最近太忙太累，好不容易排出時間，需要在飛機上睡個好覺才有精神開會。後來劉慧卿發言時果然文情並茂，博得全場起立鼓掌的熱烈歡迎。

Lorraine曾向美國民主基金會申請到對這次會議的補助，所以按照規定專門寫了一個總結報告，總結會議成果和今後打算：包括把會議中建立起來的香港、台灣和中國民主派的聯繫，繼續鞏固和發展；已經整理出中、英文稿的會議發言，準備經發言人補充審定後出版。後來因為Lorraine離開，這些工作也就沒有了下文。

1993年12月臨近聖誕節的一天，Lorraine來找我，說她要去華盛頓找工作。我感到驚訝：「你不是喜歡這裡嗎？為什麼要走？」

「不是我要走，是董事長要我走。」她回答。

原來艾理略剛找她談過話，說學社經費緊張，她的秘

書工作，現在已有人可以代替。她在美國容易找工作，讓她找到適當工作後離開學社。講到這裡她很生氣地說：

「我知道是誰到董事長那裡送話趕走我，我還把她當好朋友，要她來學社幫我，現在倒要把我一腳踢走！」

Lorraine很快在華盛頓一家智庫找到了新工作。但她對中國學社還是戀戀難捨。臨走前的最後一天，她的辦公室深夜還亮著燈。我進去一看，她正在複印資料。她說：

「中國學社這些年的資料，我一直小心積累和保存，總想著有一天你們都自由地回去了，我要把這一段歷史寫下來，沒想到自己就這樣離開了你們。」說完跪倒在地，號啕大哭。

我遇到這種情形最是無言以對，不知所措。等她哭了一會，才慢慢扶她起來坐下。我說，你去華盛頓工作，又不遠，可以常來看我們，我們不還是好朋友嗎？

她平息下來後說，今夜她要把這些年積累的資料全部複印一份作為紀念，她相信這是她一生中最有意義的一段經歷，她將來會把它寫下來。

Lorraine走後，學社安定了大約半年時間。1994年6月，我應台灣三民主義大同盟之邀去台北參加「孫中山思想與中國未來」研討會，在會上遇到從香港來的陸鏗。他約我一同去拜會馬樹禮。

拜會中，馬樹禮問起中國流亡知識分子的近況。陸鏗提到蘇紹智在美國和歐洲幾個大學訪問結束後，打算在紐澤西普林斯頓附近安家，問馬樹禮能否讓他到普林斯頓中

國學社做研究？

　　馬樹禮沉思了一下表示，他個人同意蘇紹智到中國學社，但此事應由余英時決定。馬樹禮要我回普林斯頓後同余先生商量此事。我回到普林斯頓立即向余先生報告。余先生似乎未經思考，當即同意。他說：「馬樹禮先生推薦的，我們應尊重。」

　　我未料到這件事會重新引爆我在哈佛時這裡發生的那場危機。學社的性質和用人原則之爭再度浮出水面：

　　分歧(A)，中國學社是學人的獨立研究團體，還是生產統一產品的製造公司？

　　分歧(B)，每個成員應秉持自由思想和獨立精神進行研究，還是以是否遵從老闆統一指揮作為績效和人員去留的標準？

　　這次危機的嚴重，一是有人已經擬定解聘3位學人另聘他人的方案，對於蘇紹智進來也不以為然。二是有心人為達到目的不擇手段，把事情演化成董事長艾理略與余先生之間的分歧，導致艾理略先生辭去董事長。

　　學社同仁為學社的前途擔憂，寫了一封信給余先生。余先生回了一封長信給學社執行委員會。今摘錄其中部分內容如下：

　　普林斯頓中國學社執行委員會諸位委員同鑒：

　　　阮銘先生送來全體社員簽名信及學社工作計劃都已

收到，並轉致馬樹禮先生。最近關於董事會主席易人的事，我因為完全不明內情，極感詫異。今年暑假，由於馬樹禮先生來信(各位已見到)，希望蘇紹智先生可以參加本社。七月我在台北和馬先生晤面他又重提此議，我答應他回美後與社中同仁相商。我返美後，曾約艾理略先生到我家午餐，即徵求他的意見。當時談得很好，他也同意了。

我也向艾先生解釋過，台北捐款支持學社，一是研究中國大陸的需要，二是儲備人才，因此學社成員的個人學術研究也包括在內。有此兩重目的，最初報上去的個人名單便成為支持的根據。在這種限制之下，中國學社便不可能像美國企業那樣純以「工作效率」為標準，隨時將社員除名。學社董事會在法律上雖有聘請和解僱的權力，但執行起來，後果一定是學社公開破裂，然後向大同盟告狀，向報刊公佈。這樣一來，整個學社便立即瓦解了。我不知道艾理略先生究竟瞭解了我的意思沒有？但當時他並沒有表示異議。

我現在把這番話向諸位重說一遍，是要說明我的一貫立場：我僅負責向台北方面爭取經費，但不過問學社日常事務。我通常不到學社走動，祇有過去兩次大危機時我才出面調停。因為我有義務對經費負責，這是政府的正式預算，是台灣人民的納稅錢。我的義

務，具體地說，便是看到這筆經費運用適當，使學社可以發揮出所期望的功效，研究與儲材。先決條件便是社內同仁都能和諧相處，專心工作。

　　對於艾理略先生，本社同仁應永不忘記他在最困難時期所賜予的援手，以及最近兩年多以來所費的心力。今年2月，我曾在《中央日報》寫了一篇〈記艾理略與中國學社的緣起〉短文。現在也附上，請與此信一併存檔，作為本社史料的一部分。

敬問

各位安好

余英時 1994年11月22日

　　事後，余先生請林培瑞教授(Perry Link)擔任「普林斯頓中國學社」董事長。Perry平日常同學社成員來往，也常參加學社執行委員會會議與我們一起討論工作。執行委員會任期屆滿時，在Perry主持下以無記名投票方式，分別選出新的執行委員會主席和執行委員會委員。蘇紹智先生當選為「普林斯頓中國學社」主席。

13 理想消蹤

　　我到普林斯頓(1990年)的第一個感恩節後，孫露瑜
(Lorraine)從北京回來，打電話邀我去她家，說若瑛託她帶
了東西給我。我到了她家門口，出來開門的是一位從未見
過的年輕女士。進去坐定之後，Lorraine向我介紹：

　　「這位是新來的越栩小姐，通曉英語和法語，說不定
她還能幫你翻譯《鄧小平帝國》呢！」

　　越栩坐在那裡沒有說話，只是彼此看看，表示互相認
識了。

　　接著，Lorraine拿出帶給我的東西。最重要的是一盒
資料，包括我參與起草的十一屆三中全會和理論工作務虛
會的文件和胡耀邦的批語，以及被鄧小平棄而不用的胡喬
木為十一屆三中全會起草的講稿等，是我寫《鄧帝國》需
要參考的。Lorraine說：

　　「通關檢查時，我最怕的就是這個盒子，怕被打開。
那幾秒鐘心都快跳出來，還面對檢查員裝出微笑。結果一
切OK，什麼都沒有打開，就安全過關了。」

　　「看見一位漂亮的金髮女郎對他微笑，檢查員還能不
特別通融？」越栩笑著插上一句。

　　接著Lorraine拿出若瑛帶給我的書，最後是兩顆水仙

頭，幾枚雨花石。她說：「水仙頭一人一顆。雨花石是專給我裝飾水仙盆的。」說完看看我，又看看越栩。

我對Lorraine冒險帶出資料，表示十分感激。然後問越栩：「你喜歡水仙嗎？」

她默默點了點頭。

我說：「你們兩位一人一顆好了，水仙需要陽光才能成長、開花。我那裡背陰，不見陽光，養不好水仙。」

從此我們3人成了好朋友，常在Lorraine家裡聊天，她戲稱是「3個理想主義者的夢遊」。那時流亡者中批判「烏托邦」正時髦，「理想主義」也成了被嘲笑的負面符號，我們3個都不以為然。我們認為：沒有理想，就沒有創造，沒有精神生產，也沒有改革實踐；沒有理想，就沒有但丁和莎士比亞，沒有貝多芬和蕭邦，也沒有屈原和曹雪芹。

「路漫漫其修遠兮，吾將上下而求索。」屈原這兩句話，是一個理想主義者尋找自由之路的寫照。理想主義是照耀人類尋找自由之路的那道光。

有一回談得興奮時，越栩天真地喊了聲：「理想主義萬歲！」我也回應她：「對啊！社會主義、資本主義都將在地球上消失，理想主義對自由的追求將與人類共存。」

越栩告訴我，文化大革命時，她還是個孩子，她爸爸是科學家。她家在科學院宿舍，每天早晨，都有人跳樓。她非常害怕，怕有一天爸爸也跳下去。那時她為轉移那顆忐忑不安的童心，拚命學英文，每天用英文寫日記，把一

個孩子的夢想寫下來。以後成了習慣，從小學到中學，從大學到現在，寫了二十多年英文日記，旅途中也寫，從來沒有中斷。也許因爲寫日記，她的英文好了起來；也許因爲寫日記時總有些憧憬，她成了理想主義者。但她又說：

「理想主義者是孤獨的，痛苦的。因爲一碰到現實，理想總是一再幻滅。你不覺得嗎？」

「是這樣，」我回應她的問號：「我已經幻滅多次，但幻滅了還是繼續追求，我不能放棄，放棄會更痛苦。只能像魯迅說的：向絕望抗戰。或者像卡謬(Albert Camus)的《西西弗斯神話》，西西弗斯把巨石推上去，滾下來，再推上去，再滾下來，再推……永不停息。」

越栩要去了我尚未寫完的《鄧小平帝國》手稿，看過後對我說，她很喜歡，幫我譯成英文、法文，她都願意。

我告訴她，在紐約時有位朋友安美杉，曾經把書的引言譯成英文找出版商，出版商認爲我的這種寫法，在美國沒有市場；要換一種寫法，寫自己的故事，美國人才喜歡看。包柏漪也對我說過同樣的話，她就是寫自己的故事，成爲暢銷書作家的。

安美杉和我都不同意改變寫法。安美杉說：「把歷史的眞實寫出來，揭穿歷史的僞造者，你的寫法更有意義。」她在紐約New School，也是個理想主義者，對社會主義和資本主義均持批判態度。

然而我們失敗了，出版商扭頭而去。法國倒是有一位熱心的朋友Jean-Pierre，幫我在法國找到了出版商和譯

者，準備出法文版。現在我寫完一章，就寄過去一章。

越栩說：「我們不找商業出版社，我幫你把安美杉譯的引言先看看，再選一兩章譯出來，弄一個全書章節提要，去找普林斯頓大學出版社試試。」

越栩告訴我，她這次來美國，是幾個大學邀請她父親來講學，她是隨父親出國的。她對中國天安門屠殺後的肅殺之氣難以忍受，彷彿又回到童年文化大革命時的心境，夜裡常做惡夢。所以這次出來，她不想回去了。她很喜歡普林斯頓這裡的環境，願意在這裡工作。

Lorraine同她說過，中國學社剛成立，同外界聯繫，主要是美、法兩國；她有出色的英語和法語能力，又有很高的寫作水準和文化修養，理念也與這個流亡者團體一致，中國學社需要她這樣的人才。Lorraine表示將向董事會推薦她來中國學社，事實上越栩已經在幫助她做文字方面的工作。

越栩與我的短暫合作，自1990年冬到1991年春初，大約有3個月。她對我的幫助，除了《鄧小平帝國》的翻譯和出版，還有共同準備英語演講和論文。

一次是林霨(Arthur Waldron)邀我到費城一個天主教團體的人權論壇發表演講，講題是：「Can Democratization Succeed in China?」

Arthur建議我用英文講。我說不行，還是我用中文講，請他翻譯。Arthur說：「你在壯思堂那回用英文講，不是效果很好嗎？」

　　我說那回是3分鐘，用的簡單字句。這回是30分鐘，這麼大的題目，我怎麼能用英文講？

　　但Arthur堅持要我試試。他說：「你過了這一關，在美國就有了完全自由。你學會開車，是獲得在美國生活的行動自由。你再學會自由表達你的思想，你就有了同美國社會進行精神交流的自由，你的精神生產才能影響美國社會，你也才能在美國實現你自已！」

　　我承認他說得對，但我實在不行。我說，我即使拿英文稿子唸，美國人也聽不懂。

　　Arthur安慰我說：「不要緊張，我陪你去，如果眞聽不懂，我幫你解釋。」

　　我找越栩商量怎麼辦？她倒很欣賞Arthur的話：「對啊，你過了這一關，在美國不就完全自由了嗎？」

　　越栩要我別焦急，反正還有一個多星期。她讓我先寫出中文稿，她譯成英文，再一起演練口語。她說，寫中文稿時盡量用淺顯簡短的字句，多用感性的語言。比如我少年時就讀天主教學校的故事，就可以講一點，這樣聽眾會感到親切。

　　我告訴她，讀初中時震旦附中的教導主任龔品梅神父，給我印象很深。他在畢業紀念冊上爲我題的兩句話，至今記憶猶新。我離開上海後，梵諦岡提升他任樞機主教，朝鮮戰爭時被誣爲間諜，坐了幾十年牢，1980年代才出獄到了美國。現在就住在紐澤西。

　　「龔品梅題的兩句話是什麼？聖經裡的嗎？」越栩

問。

「不是。是中國格言：勿以善小而不爲，勿以惡小而爲之。」我答。

「很好啊，Do good even though but a little, do no evil even though but a little. 來，你跟我唸一遍。」

我跟著她唸了一遍：「Do good even though but a little, do no evil even though but a little.」

「Perfect! 發音準確，通過！」她說：「單音節的詞，你沒有問題；口音問題也不大，法國人、日本人說英語都有口音問題。英語聽懂聽不懂的關鍵是重音，重音對了，再難聽的口音也不會聽錯；聽不懂都因爲重音讀錯。」

她又說：「你這個故事好，能表達龔品梅和你的心靈，就放在演講的開頭。聽眾是天主教徒，都知道龔品梅樞機主教，你一下子就抓住了聽眾。」

我寫的中文講稿有3,000字，她譯成用詞精煉的英文講稿，約1,500個單詞，每個詞不超過3個音節。我查辭典標出每個單詞的重音，然後同她一起演練。

我一急，把重音讀錯，她就要我停下來，跟著她讀，她說：「不要急，慢慢讀，一定要把重音清晰地讀出來，這是你這回演講的要害！」

我們一起演練了兩個上午，她滿意了。「你看，正好30分鐘，多準！到時候你就這樣放鬆講，祝你成功！」

演講那天，果然如她所料。我看到聽眾都很專注，無

困惑狀，自己也就輕鬆講完。Arthur也很滿意，不用他解釋，大家都聽懂了。後來提問和回答，我就用中文答，請他翻譯了。

回想起來，這是我一生中自己最滿意的一次演說。

越栩和我還合寫了一篇論文(Neo-Authoritarianism in Contemporary China)，一起去參加哥倫比亞大學關於「新權威主義」的討論會。我們商討好內容後，由我先寫出中文稿，她再改寫成英文稿。定稿後，她要我去宣讀。我說：

「那可不行，這麼漂亮的文字，叫我去讀，不是糟蹋了嗎？這回一定要你親自宣讀。」

她答應了。但她不願用真名 Yue Xu，改了個別名Dai Ling(戴齡)。她說：「反正別人也不認得我。」最後論文上的署名是：「Ruan Ming , Dai Ling」。

我們一起去紐約哥倫比亞大學參加會議，她宣讀論文時，我注意觀察周圍的聽眾，都注視著她，略帶好奇的眼光，彷彿在問自己：

「她是誰？從未見到過啊？」

會場靜悄悄，她從容地讀著論文，有時稍露一點感情，把聲調微微提高，又平緩下來，隨著內容起伏，如同湖面的波浪，最後是寂靜的休止符，接著一片掌聲。我看見有人走過去對她說些什麼，她微笑著回答。

她回到座位時，我祝賀她成功，她露出快樂的笑容，似乎感受到聽眾對她的肯定。

　　對我來說，與越栩相處的這些日子，她既是同我理念一致的朋友，又是我最好的老師，因爲她是在實踐中教我，針對我的弱點予以糾正。所以這短短的3個月，是我英語進步最快的3個月。以後在哈佛繼續學英語，選過寫作、會話等多門課程，卻無法再進一步，恐怕是失去了最好的老師之故吧？

　　大約1991年春節前後，聽到傳聞說，越栩不能在中國學社工作了。我去問Lorraine，她說，董事長(艾理略)不同意。我問：「爲什麼？」

　　Lorraine說：中國學社內部有人向艾理略告狀，說越栩不是民運人士，又不是流亡知識分子，不符合條件。

　　我覺得蹊蹺，「不是說中國學社是學術團體、不是民運團體嗎？流亡知識分子在這裡也是做研究，不是做民運吧？」

　　她說，這些看法，她都講了。這幾個月，越栩爲學社做了許多事，的確是學社需要的人才。但董事長不爲所動，因爲董事長認爲，提意見的是「有份量的民運人士」，應予尊重。

　　「難道美國也不問是非只問身份嗎？」我接著問：「越栩知道了嗎？」

　　Lorraine說，她已告訴越栩。越栩的爸爸似乎從外面聽到些什麼傳言，從羅格斯大學趕來，要越栩立即搬出普林斯頓，住到羅格斯大學去。還說，他的女兒「不能同民運人士混在一起」！說不定越栩已經被她爸爸帶走。

　　我在校園裡沒有找到越栩，傍晚接到她的電話，她剛隨父親到了New Brunswick 羅格斯大學宿舍。我要去看她，她說身體不適，想休息，要我明天去。

　　第二天上午，我開車從普林斯頓去New Brunswick，半個多小時就到了。找到她的宿舍，撤下門鈴，聽見她叫了聲「Coming!」門未鎖，我走進去，見她躺著，對我說：「對不起，我病了，起不來，失禮了。」

　　陪伴著她的是音樂之聲。她說：這是去紐約聽歌劇《巴黎聖母院》時，自己錄下的，一面聽音樂，一面從唱詞中學習法語。

　　我不禁想，每天記日記學英語，從歌劇唱詞中學法語，獨特的方法，造就獨特的人。

　　那天越栩告訴我，她離開普林斯頓前一天，去過大學出版社。出版社告訴她，《鄧小平帝國》英譯本的出版計劃沒有通過。另外，她父親也不准她留在美國，要她隨父親去歐洲，然後一起回中國。

　　「你願意回中國嗎？」我問。

　　「不，我不回去，」她回答得很肯定：「到英國後，我會設法找工作。爸爸堅決反對我留在美國，而且不准我同普林斯頓的人再有任何聯繫。」

　　「包括我？」

　　「當然，無一例外。我從小是個聽話的孩子，從來無法抗拒爸爸的意志，看來我們將就此分別，我也無法同你一起去實現理想了。」

「你同Lorraine談過這些嗎？」

「她都知道，也做過努力，同我爸爸也談過。但現在正好學社和出版社都對我說No，本來也不能留下，倒也沒有遺憾了。只是不能繼續幫你用英文演講和寫作了，你的英文進步很快，可別丟了啊！」

「我想老師走了，學生的英文恐怕再也難有進步。」

後來果然如此。老師走後的幾次英文演說，包括哈佛大學費正清中心「新英格蘭系列講座」請我講「文化大革命中的陶鑄」(The Unique Chinese Communist Party Leader Tao Zhu in the Cultural Revolution)(Feb.25,1993,New England Seminar)；台灣「中(指台灣，非指中國)美歐年會」(Sino-American-European Conference)請我講中國的「反和平演變」(Peaceful Evolution and Anti-Peaceful Evolution:Internal Political Development in China)(Taipei, August18, 1992)，以及華盛頓國會議員座談會上關於中國形勢的引言等等，自我感覺都不如越栩幫我準備的那一次。後來到了台灣，我決定不再用英語演講和寫作。

1991年3月初，我接到越栩的最後一封英文信。我無法把她的文筆譯成漢文，就讓她保持原貌吧：

March 2nd,91

Dear Mr. Ruan,

I was shocked and grieved to see how haggard and worn

you had become. These months of emotional turmoil have left a deep work on you, but one, which I hope will be removed by time. Do please take care of yourself, exert yourself and recover as fully and as soon as possible.

Of the people I have met here, you have the most diligence, zest, and honesty in your pursuit of truth and beauty---le beau ideal. You have shown courage and integrity, warmth and intelligence, constancy and perseverance in work and life, and won the respect of many, and envy and jealousy of others. Though their numbers but be small, the venom could be harmful, but only if one choses to subject oneself to it. Life is such, that those who excel are always exposed to envy. Yet, I am certain that you have far greater concerns and far more important tasks to busy yourself with. There may have been a time when in need of reassurance, I have only given doubts because I myself had been too weak physically and weary mentally. Where you need support, I had lacked the strength. But please remember that to me, you have always been the compassionate, idealistic, quick-minded searcher for truth, that "catcher in the rye"(麥田的守望者)whom I met in the orchard. We have known each other for long enough for that impression to be confirmed, and reconfirmed. I only regret that I cannot be of more help to you, as you have been to me.

Though I detest over-rated praises---perhaps because I am susceptible to them, I have understood those coming from you as genuine well-wishers, encouragements which will force me to re-evaluate my strengths and weaknesses, and to work harder and think deeper. You have taught me much more than you are aware of, and given me much more than I can ever repay.

I am enclosing a check, which I know would anger you, and perhaps even hurt you. But please understand, try to understand my feelings as well. I would feel ever endebted to one whom I can never repay. Do not consider me an ingrate by seeing it the way I do, and pray, do not regard it an offense. If I could find a better way to do it, I would have done so immediately. Forgive my clumsiness, and forgive me for the many misunderstandings caused as a result of my carelessness and negligence.

I wish to, again, remind you to take good care of yourself---much remain to be said and to be done by you. The world needs to hear the voice of a truthful, bold human being about the realities of China, to name one of the good reasons you will have to listen to. Meanwhile, if I may suggest, please remain cool-headed even in the most heated discussion, for to investigate objectively, one needs the clarity of mind and impartiality of heart, and tranquility of temperament. I look forward to seeing you healthy and vibrant, serene and calm, and producing good work steadily and happily.

I could go on, but let me stop here, with my most cordial regards and best wishes for the good health, happy life and meaningful work of yourself's and yours.　　　　I remain,

　　　　　　　　　　　　　　　　　　Yours truly,
　　　　　　　　　　　　　　　　　　Xu Yue

　　我收到這封信時，她已離開美國，隨父親去了英國，未給任何人留下聯絡方式，包括她的好友Lorraine。

　　信中對我的告誡，「remain cool-headed even in the most heated discussion」，「clarity of mind and impartiality of heart, and tranquility of temperament」，我雖銘記在心，但本性難移，頭腦發熱時仍難以冷卻。

　　還有一點說明，即信中提到支票。那是1990年聖誕節前，學社對越栩的任用尚未決定，她沒有收入維持生活，又擔負繁重的工作，我把存款的結餘給了她。未想到信中附了5,000美元的支票，上面還有一行鉛筆字：「請在3月19日提取」。她是要到英國把錢匯到這裡帳戶的，我至今

同信保存在一起。

　　20年過去了，幾年前的一天，我接到在英國BBC工作的朋友邱翔鐘的電話，他已退休到了香港。談到越栩時，他說她曾在BBC工作，因部門不同，無交往，聽說她同一位法國人結婚，育有一女，離開BBC後去了哪裡，就不清楚了。我想過，窮盡線索尋找，也許能找到。但又想，她的消蹤，不就爲服從父訓，不與普林斯頓的人聯繫，包括我嗎？還是尊重她的意志吧。

　　越栩的消蹤，改變了我的命運。我從她學習英語演說和英文寫作，是爲在美國獲得「完全的自由」。她走後我在哈佛選修英文寫作和英語會話，也爲此目的，然而已無成效，後來終於放棄。我想，若她留在普林斯頓，是不會讓我放棄的，我也不會選擇把最後的生命，消耗在台灣。

14 在「狐狸跑」

1991年暑假前，我告訴房東Margaret，若瑛要來美國，我要搬家。她高興地祝賀我們團聚，我祝賀她職務升遷，那時她離開洛克菲勒學院，轉到威爾遜國際關係學院工作了。

我選擇的新家在「狐狸跑」(Fox Run)，那是一處有樹林有湖水的住宅小區，環境幽靜，租金便宜，離校園雖遠些，開車十幾分鐘也就到了。還有，我喜愛「狐狸跑」這個名字。怕是受蒲松齡《聊齋誌異》的影響吧，他的筆下，「狐狸」是一種象徵：代表美麗、眞誠、自由的女子，與世俗的虛僞、邪惡、奴役絕不相容。「狐狸跑」，不正是奔向自由理想的可愛的「狐狸」麼？

若瑛來了之後，對「狐狸跑」也很喜歡。我們的生活上了正軌，早晨起來，驅車到普林斯頓大學體育館，正好7時開館，我去游泳池，若瑛去健身房。50分鐘後會合，一同去洛克菲勒學院用早餐。早餐後，若瑛和劉麗莉、傅麗她們一起到Mercer College(社區大學)上英語課，我到葛思德東方圖書館閱讀和寫作。

因爲我是洛克菲勒學院的College Fellow，所以在那裡用餐是免費的，還可以帶客人去用餐。餐廳是自助式

的，自己端著盤子，自由挑選喜愛的食物。這對我很適合，因我從小飲食簡單，不接受有強烈味道的東西，如Cheese、辣椒、芹菜、香菜等，偏愛清淡的食物。

　　我在學院食堂的最愛，早餐是一碗稠稠的燕麥粥，每餐必喝。中餐是一盤生鮮蔬菜，也是每餐必吃，且不加調味料，學生笑我在「吃草」。然而對我來說，這是過去未曾嘗過，到這裡才遇上的美食。若瑛來時，我已在學院食堂用餐一年，她說我身體比過去好，恐怕就是因為吃了燕麥和「草」。過去我很少吃蔬菜，更未吃過生菜和燕麥。

　　晚餐我們在家裡吃，一般是若瑛做中式菜餚。但她也會做幾樣拿手的西式菜餚，如牛尾湯、炸大蝦，配上中式的醋溜白菜、賽螃蟹、魚香肉絲，請朋友來吃，是有口皆碑的。

　　一到週末，我教若瑛學開車。我把車開到「狐狸跑」附近一家公司的停車場，就換若瑛開，我坐在她旁邊默默觀察。那個停車場很大，週末公司不上班，停車場空空蕩蕩，我們可以任意馳騁，開得彎彎扭扭也沒事。若瑛學得很快，兩個週末所有基本動作都熟練了。那時她問我：

　　「人家說學開車很麻煩，夫妻都會在車上吵嘴，你怎麼一聲不響？」

　　「你開得很好啊，我有什麼可說？」我回答她：「學車要專心、冷靜，愈吵愈急，愈急愈學不好。你很專心、冷靜，所以學得快。我在密西根學開車，朱蒨、張能力兩位老師教過我基本動作，在我開時也不作聲。」

最後一關是「上路」、「換line」。我想，紐澤西不比密西根，路上車多。為了安全，我打電話請來一位駕駛學校老師。他讓若瑛自己開上公路，教了兩個小時，就「OK」了。那種教學車，學生和老師兩邊座位都有刹車裝置，遇到險情，老師可踩停。

前後不到一個月，若瑛順利通過了筆試和路考，拿到了駕駛執照，這是若瑛來美國後的第一件得意事。她的7個兄弟姐妹中，除了她，只有阮崇武會開車。之後我們分工：在local，上社區大學，去超市購物，由她開；上高速公路，到紐約，去波士頓，由我開。

「六四」已經過去了兩年。記得那年7月我從巴黎回來，寫過一篇〈論民主運動的目標和策略〉，是有感而發，其中有這樣一段話：

> 可能的一個危險，是鎮壓者變得聰明起來，而民主運動反而變得愚蠢起來。鎮壓者改而採用現代手段，而民主運動改而採用古代手段，比如目前流行的反對非暴力、反對聯盟的思潮。

兩年來的形勢發展，被我不幸而言中。而我卻得了個「烏鴉」的別名，那是萬潤南給我取的。那時他是民陣秘書長，請我當「顧問」。我說：「我未加入民陣，怎能當民陣顧問？」他說：「那你就當我個人的顧問吧。」

我想：萬潤南的丈人李昌、丈母馮蘭瑞，是我尊敬的

長輩和朋友，做他的個人顧問，還可以吧。於是我回答他：「你來問，我就顧；你不問，我不顧。」

之後一段時間，他常來電話。我想，既來問，就顧吧。當時出於關心，我對民運有不少意見，講難聽的話多，好聽的少。「烏鴉」這個別名，也就開始追隨我，直到今天。我也知道，人都愛好喜鵲、厭惡烏鴉。然而當你明明看到面臨的危險，人家又來詢問你的看法時，你能熟視無睹、置若罔聞麼？

魯迅倒是說過，當你看到別人的車要倒了，跑過去扶，你會招人厭惡；不如等車倒了，再幫他去抬。說得很對，但魯迅自己何嘗做到？他還不總是去扶，而屢遭「圍剿」麼？

1990年9月，萬潤南邀請我去加州出席「民陣二大」，那次大會有一場「陳萬（陳一諮VS.萬潤南）之戰」，最後萬潤南似乎贏了，當選第二屆民陣主席。然而比起「民陣一大」，這條「民主中國」的「陣線」，未見擴大，反而愈來愈縮小了。

究其原因，鎮壓者確實變聰明了；民主運動也確實變愚蠢了，而且是一種自作聰明的愚蠢。

鄧小平很聰明，「六四」殺了人，把內部的自由民主派整光光，卻不把權力交給極端專政派李鵬、姚依林，而交給了中間派江澤民、李瑞環、朱鎔基、胡錦濤他們。

鄧小平的統治方式，「六四」前與「六四」後有一個重大變化。自1978年12月中共十一屆三中全會到1989

年「六四」屠殺的十多年間，鄧小平一年(逢雙)支持民主派，強調改革開放；一年(逢單)支持專政派，發動反自由化。在兩派之間搞恐怖平衡。鄧力群對此作出概括，用他「左王」語言表述道：

「從1978年開始，逢雙自由化泛濫，馬克思主義受壓抑；逢單反自由化，馬克思主義揚眉吐氣。」

「六四」後情況變了。傾向自由民主的改革派幾乎全部被排除出權力結構，已無可能利用來制衡極端專政派。鄧小平又不放心把權力交給極端專政派，所以只能交給中間派了。

1991年8月政變失敗、蘇聯共產帝國崩潰之後，對於維護共產黨政權鞏固這一點，中間派與極端專政派是一致的，但維護的方式不同。極端專政派否定「經濟建設為中心」，主張「反和平演變為中心」。鄧力群說：「你政權丟了，經濟搞上去也是人家的，不是我們的！」中間派是維護政權(反和平演變)和改革開放兩手都要。鄧小平南巡，就是動員地方中間派力量制衡中央日益囂張的極端專政派，因為地方的中間派力量大。

鄧小平依靠中間派，一面對內嚴厲鎮壓「自由化」分子，一面對外繼續擴大開放，改善了與美國、歐洲的關係。中國經濟經過短暫的挫折，在台資、港資和其他外國資本競相支持下，恢復了發展勢頭。

而民運領袖和民運理論家們，確實是自作聰明的愚蠢。第一年是盲目樂觀，尤其是東歐演變之後，認為中國

也已瀕臨「大變局」。或預言半年內中國經濟將崩潰，李鵬政府將垮台。或渲染中國已是一個火藥桶，農村正在醞釀起義，農民已經組成暗殺團，將殺四十元凶云云。

進入第二年，樂觀論調忽然一掃而空。一位民運大老去年盛讚「八九民運是中國人民的偉大覺醒」，今年卻指責「天安門廣場上的學生根本不懂什麼叫民主」！民運主題也從政治制度變革轉向「文化反思」。「反思」的結論，說是由於「中國獨特的文化」，民主運動的失敗是「歷史的必然」。一位民運理論家寫道：

> ——中國的特殊國情，既是與孕育現代化的基督教文化不同的儒家文化的發源地，又是一個古老東方的共產主義國家。在非共產主義的東方國家實現了的經濟現代化，和在這個基礎上正在逐步推進的政治民主化，中國走不通；在並非東方的共產主義國家發生的突破共產黨一黨專制為主要內容的政治民主化，和在這個前提下可能實現的經濟現代化，中國也走不通。

這麼說，中國永遠擺脫不了「東方」、「共產」、「儒家文化」的宿命，永遠「條條道路都不通」！只能讓中國共產黨「萬歲」了。這就是從樂觀的激進主義舊夢中醒來，又墮入了悲觀的文化宿命論新夢。然而也有繼續沉醉於舊夢不醒，愈做愈美妙的，如嚴家其的「六四」引發全球巨變論。他寫道：

——「六四」是20世紀歷史的轉折點。如果沒有「六四」，柏林牆就不會在5個月後倒塌。「六四」衝擊波形成了20世紀末的一場「大旋風」。「六四」引發的全球性巨變，在不同地區、不同國家有不同表現。在蘇聯—東歐導致一黨專政的崩潰。在中國，導致共產黨政權主動放棄計劃經濟，並為公有制的瓦解和私人經濟的發展敞開大門。在西歐與北歐，導致社會民主主義勢力一度減弱。在這歷史巨變中，可以看到兩種模式，一種是由非共政權推動「非共化」，一種是由共產黨政權推動「非共化」。在「六四」衝擊波從蘇聯—東歐傳回中國後，中國形成了第二種模式的代表。

這麼說，鄧小平的「六四」屠殺，不但引發了「全球性」的歷史巨變，還在中國形成了由共產黨政權推動「非共化」的「第二種模式」：中國共產黨已經自己動手，消滅了自己！這就是當年人們在巴黎寄與巨大希望的，「民主中國陣線」第一屆主席醒不了的迷夢。

無論樂觀的舊夢、悲觀的新夢，都是不願或不敢直面現實，喪失了民運前進的目標。而愈無目標，愈內鬥；愈內鬥，愈無目標。沒有了理想的追求，爭鬥的都是權和錢。民陣二大，是我參加的最後一次民運活動。

後來還有一次華盛頓的民陣、民聯合併大會，我沒有去。我想，「民運」各路人馬都在搶地盤，爭資源，爭權

勢，戰雲密佈，怎麼可能合併？

　　陸鏗去了華盛頓，大哭而回。原來兩個組織沒有合併成一個，反而分裂成3個：民陣、民聯、民聯陣。

　　我在普林斯頓的第一年，主要工作是完成了《鄧小平帝國》。這本書寫了一年半，1989年11月在安娜堡開始執筆寫引言，1991年5月20日在普林斯頓完成最後一章。

　　1992年2月初，安琪和她的未婚夫Jean Pierre Lafosse從法國來到普林斯頓，給我帶來了《鄧小平帝國》法文譯本的清樣。安琪說：

　　「爲你這本書，你的朋友Jean Paul Tchang可說是費盡心力。出版社找的譯者不懂中國政治，譯文錯誤百出，Jean Paul幾乎從頭到尾重譯一遍。他是Phoenix銀行的總經理，你想工作有多忙。他把工作之餘所有時間都投入你這本書，週末也不例外。他說一定要趕在鄧小平88歲生日之前出版，讓他看到此書。」

　　我請安琪轉達對Jean Paul的感謝。我說：「你和Lafosse先生給我帶來了最好的法國禮物。它不但包含著Jean Paul先生的珍貴友誼，而且也是自由的法國對尋找自由的中國人的支持。」後來我把這句話和巴黎出書的故事寫成英語課的作文，題爲「A Present From Paris」，英語老師還高興地祝賀我呢。

　　1992年7月，也就是鄧小平88歲生日之前一個月，我收到了從法國出版社「L'Editions Philippe Picquier」寄來的《鄧小平帝國》法譯本：「Deng Xiaoping,Chronique d'un Empire:1978-1990」。

也許人同此心。《鄧小平帝國》中文本和日譯本，也都在鄧小平生日之前相繼出版。台灣「時報文化出版公司」的初版一刷，是1992年8月10日。「時報出版」前後印過九刷，最後一刷是在鄧小平去世後不久的 1997年3月5日，我在中國的許多朋友都看過這本書。李洪林說，他買到的是中國國內盜版，紙張和印刷質量很差。

孫長江告訴我，他去看趙紫陽時，趙紫陽說，吳江的《十年的路》和阮銘的《鄧小平帝國》都看了，對吳江書中提到趙對胡耀邦「落井下石」，表示「不符事實」，希望吳江修正。我的書對趙也有不少批評，但趙未說什麼。

Jean Paul的願望實現了。此書出版後4年半，鄧小平才去世，鄧和他周圍的人不可能不看到，也不可能不關注，卻未聽到說過什麼。連鄧力群、胡喬木這群對我的每篇文章都不放過的鷹犬，也未吠一聲。這一點我要感謝若瑛和Lorraine，把我第一手的資料和筆記都帶了出來，使我言必有據，讓事實說話。也正如余英時先生在此書「序」中所說：

──從作者所引用的大量文獻而言，《鄧小平帝國》顯然和一般置身事外者的客觀研究並無不同，但是我們通讀全文，便會發現作者本人最初也曾參與了這個帝國的創建。作為一個參與者，他是身在廬山之中的，然而作為這部帝國興衰史的撰寫人，他卻能跳

出盧山之外，因而看清了盧山的眞面目。這樣主客觀統一的著作確是不多見的。這是此書最能吸引讀者的所在。當年梁啓超在變法失敗後寫《戊戌政變記》，由於情感的憤激，陳寅恪評其書曾有「所言不盡實錄」之譏。阮先生寫《鄧小平帝國》也未嘗沒有情感憤激的時候，但他大體上確能實事求是，不以主觀的好惡而作出違反事實的論斷。讓我試舉一例。在第十章論及鄧小平和黨內外民主力量之間的關係時，作者說：

「鄧小平在整個改革進程中都面臨兩種選擇。一種是依靠黨內外的民主力量，依靠廣大民眾的支持來克服黨內特權階層的反抗，推進政治、經濟、文化的全面改革。另一種是同黨內特權階層與既得利益者妥協，背叛黨內外民主力量，把改革目標收縮到經濟領域之內。鄧小平的反覆無常，就是因爲他在這兩種選擇之間變化不定。但總的趨勢是他的政治視野愈來愈窄，愈來愈擔心黨內外民主力量的壯大會威脅到共產黨和他自身的權力壟斷，因而一步步地與各種民主力量分裂，最後不得不走向與保守勢力結盟。」

這眞是一種持平之論，可見作者頗能節制自己的激憤的情感；在他的視野所及之內，阮先生已盡最大可能保存了歷史的「實錄」。

　　我想，對於這樣的歷史實錄，鄧小平恐怕也只能沉默，但Jean Paul卻表示失望。他說：這本書在法國評價不錯，研究中國問題的學者認為是不可多得的珍貴史料；但他之所以要在鄧小平在世時出此書，原想聽到鄧的回應。

　　我對Jean Paul說，鄧小平無論作出何種回應，都只能引起人們的好奇，去尋找這本書，這顯然非其所願；再說書中論述的真確，既難反駁，又難承受。所以沉默是他最好的策略。

15 哈佛一年

　　1989年3月我去哈佛演講時，第一次遇到年輕的
Andrew Walder教授，給我留下很深的印象。

　　我們談話的主題，是中國文化大革命。他同我有一樣
的感受，現有的文革研究，注意力幾乎都局限於毛澤東的
個人作用和中國共產黨上層的權力鬥爭，社會底層的矛盾
與衝突被隱藏了。而描寫普通人文革經歷的作品，視野過
於狹窄。我們認爲，需要有一種全方位的、對中國文革的
整體性研究，著重研究它的社會因素。

　　Andrew Walder是社會學家，他研究中國，著眼點
總是在社會基層。他有一本專著《中國的新傳統(New
Tradition)》，在美國很出名。因爲美國的漢學家，多半重
視對中國文化傳統的研究，往往把共產中國視若傳統中國
的繼承。而另外一派，又把共產中國視若蘇聯式共產極權
制度的東方版。

　　Andrew Walder 與他們不同，他摒棄舊的理論和方
法，對中國工廠進行田野調查，從一個個車間的社會關係
中，發掘出中國共產黨統治中國人民的秘密：「單位(Unit)
統治術」。黨支部建立在工廠的每一個「單位」(車間)，
黨支部書記就是大家長，掌管每一個工人及其家庭的命

運，包括衣食住行，思想言論，生老病死。

以此類推，軍隊的「單位」是「連隊」，農村的「單位」是「村」，城市居民的「單位」是「街道」(以每個居民委員會管轄的街道爲一「單位」)。Andy(Andrew Walder的暱稱)認爲，這是中國共產黨創立的「新傳統」，不同於傳統中國，也不同於傳統共產主義；其統治更爲嚴密，共產黨通過控制每一個「單位」，控制了全國每一個人的命運。普天之下，沒有一個人不在「單位」黨組織的掌握之中。這也是饑荒年代餓死幾千萬人的秘密，因爲離開「單位」逃荒是禁止的。

Andy這一看似簡單的發現，使他的《新傳統》一書成爲跨領域的名著，不但在社會學領域，而且在政治學領域也是必讀的典範之作。正是他的這種思維方式，使我們對「中國文革之謎」產生了共同的想法。

我們認爲，中國文革的動因不能歸之於毛澤東一個人。毛澤東是動因之一，他不滿意他和他的「戰友」們建立起來的那個帝國，認爲它已變成「官僚主義者階級」當權的、「吸工人血」的奴隸帝國，他的「戰友」已變成「睡在他身旁的赫魯雪夫」，所以要打碎它重建一個。

動因之二是中國人民。學生、工人、農民、知識分子，也不滿意那個統治他們的專制帝國，要打碎它，嚐嚐「奴隸翻身當主人」的滋味。這就是鄧小平十分害怕的「大民主」。

這兩個目標的吻合，才有1966年至1968年那種翻天覆

地的瘋狂。它是一齣巨大而複雜，充滿了理想與陰謀，純潔與骯髒、熱情與仇恨、鮮血與眼淚、獻身精神與無恥叛賣，牽動大多數中國人心靈和生活的歷史大悲劇。

我們認爲，在中國文革的「全面內戰」中，共產黨、政府、軍隊、知識分子、學生、工人、市民、農民，都「一分爲二」，各自組織起來維護自己的信念和利益。每一個人、每一群人，都在某一歷史時刻，在某種政治旗幟、政治口號的掩護下互相批判、互相撕咬、互相吞噬。以至於毛澤東這個唯一的「神」和他的「最高指示」，都控制不住局勢的發展。如果我們不去探究造成這種局勢的社會動因，我們就不可能揭開文革這個歷史之謎。

Andy要我寫一個關於研究中國文革的Proposal，由他吸收進哈佛大學費正清中心的研究計劃中去，準備申請基金會的資助。1990年暑期我到哈佛演講「胡耀邦與我」時，Andy告訴我，申請過兩個基金會沒有成功。那時我已把毛澤東和文革丟到腦後，在密西根寫《鄧小平帝國》了。

那年多天，我從密西根轉到Princeton不久，意外地接到Andy來信，第一句話就是：「I have good news!」項目終於得到魯斯基金資助，請我到費正清中心參加一年合作研究，下一年度(1991年)或再下一年(1992年)隨我選擇。我因參與「中國學社」的研究項目和若瑛剛來到普林斯頓，選擇了隔年(1992年)再去哈佛。

1992年6月18日晨6：30，若瑛和我帶上簡單行李，開

車從普林斯頓出發，中午抵達Cambridge 傅高義(Ezra Vogel)教授的家。事先Andy同他談妥，我們就住在他家3樓。

一到哈佛，感覺與普林斯頓迥異。普林斯頓永遠是寧靜的花園，暑期更是人跡稀少。偶而幾名遊客，在校園的某座雕塑前流連照相，再就是工人在爲學生宿舍做假期修繕。哈佛校園卻是熱鬧滾滾、人潮鼎沸，來自世界各國的青年男女，擠滿了校園，選修暑期學校的各種課程。

走出校園，Charles 河畔的Cambridge小鎮，日夜都是熙熙攘攘的人群，路邊總有人在爲路人表演藝術，或彈奏吉他，或高歌一曲。街上商店林立，最熱鬧的是酒吧和咖啡館，一到週末別想擠得進去。較爲寬鬆的所在，是具劍橋特色的服裝店，完全是天然布料、天然染料的服裝，絕無塑化成份，看起來顏色暗淡，彷彿褪了色的舊衣，那也是哈佛的一種時尙。

若瑛和我選修暑期學校的英語，要經過一堂筆試，按成績分班次。筆試考的是文法、造句之類，可能我比那些年輕學生強，被分在高班次。而我的弱項是聽和說，上課竟聽不明白。而文字能力差些的西班牙語系、法語系學生，聽、說都比我強得多。學了6週，收效甚微。若瑛分在低班次，學得比我好。

英語班每到週末都會舉辦自由參加的文化娛樂活動，或聽音樂會，或去博物館。有一個周末是到波士頓附近一個小島Masha Vinya 旅遊。我們先搭乘遊覽車到波士頓碼頭，再登遊輪抵達小島。大家都帶著泳衣，準備在夏日的

海灘游泳。未想到島上氣溫驟降，炎夏一下變成嚴冬，非但不能游泳，還得添衣禦寒。若瑛和我在島上商店各買一件厚厚的絨衣穿上，才得以悠閑觀賞島上風光。

開學前，我找Andy商量文革研究的事，他的表情恍若隔世。也許是我來得晚了，哈佛對中國文革的熱情已經消失。當年幾百人選修的文革課，早已停開。麥克法夸爾不當費正清中心主任後，找了一位瑞典學者沈邁克(Michael Schoenhals)，準備合作寫書，還是延續他《文化大革命的起源》的思路，以寫毛澤東和上層鬥爭為主。而費正清中心的新主任華生(James L. Watson)，興趣在搜集中國文革時期的民間風俗文化，如各種樣式的毛像章、毛畫像等。看來Andy和我對中國文革作全方位、整體性研究，側重社會因素的計劃，並未獲得中心支持。

「這麼說，我們3年前的設想無法實現了？」我問Andy。

「是難以實現。按我們的設想，要研究文革的社會基礎。要調查，要請有關學者討論，寫出不同於中共決議框框的新書，與前後兩位主任的想法差距太大，無法獲得支持。」Andy說他自己也只好放棄，他對這種狀況感到遺憾，只是希望我能利用這一年時間，研究自己感興趣的課題。

我想重拾初來美國時的計劃，寫《毛澤東帝國》，劃分為4個時段：

Part One　建國之初(1949年至1956年)
Part Two　八大之後(1956年至1966年)
Part Three　文革之初(1966年至1969年)
Part Four　九大之後(1969年至1976年)

在哈佛的一年，完成了「文革之初」的時段。波士頓一位作家木令耆，看了我的手稿很感興趣，主動把引言和部分章節譯成英文去找出版商，結果也同安美杉、越栩一樣碰了壁。我已經明白，像我這樣的作品在美國，無論是商業、還是學術出版社，都不會感興趣。

然而意外的事情來了。我在哈佛又遇到了哥倫比亞大學時代的老朋友、教寫作課的作家Peter Rand。他剛從哥大轉到哈佛，家也搬到了波士頓。他說：他的朋友Nancy Liu(華裔)和 Lawrence R.Sullivan，讀了我的《鄧小平帝國》很感興趣，希望同Peter合作譯成英文，如果我同意，美國的Westview出版社答應出版。其實Peter 不會中文，他只是對譯文加以潤飾。但他是作家，恐怕出版社答應出版與他有關吧？

我同意之後，就去請黎安友教授寫一篇英文版序言。過了幾天，黎安友轉來柏克萊加州大學Frederic Wakeman教授給我的信，說加州大學出版社已通過翻譯出版我的《鄧小平帝國》英譯本。我請教黎安友怎麼辦？他說，加大出版對我今後的學術生涯可能有幫助。但我覺得不可違背對朋友Peter的承諾，請黎安友代為向Wakeman教授解

釋。

　　不久我接到Wakeman教授來信，對Westview出版我的書表示祝賀，還對他晚了一步表示「sorry」。

　　我們在哈佛，遇到了若瑛的小學同學張光直。她與他同年，從小學一年級到六年級，都在北京師範大學附屬第二小學就讀。因為兩人個子小，6年間並排坐在教室的第一排。在哈佛我們常聚會敘舊。光直喜食蔥油餅，到他家時，他常一面聊天，一面親手做蔥油餅待客。

　　光直小學時候的照片、成績單、畢業證書之類，都保存得很好，拿出來給我們看。有一張全班同學合照，他和若瑛互相指認其中每個人的名字。高興起來，光直同若瑛唱起了小學的校歌：

> 九月十九日，
> 特別要注意，
> 我們受教育，
> 就從今日起。
>
> (9月19日是學校誕辰，也是開學日)

　　有時我們3個一同唱1940年代學生運動的歌曲，如《向太陽》、《學生之歌》、《坐牢算什麼》、《一二‧一烈士追悼歌》等：

> 兄弟們向太陽、向自由，

向著那光明的路；
你看那黑暗快消滅，
萬丈光芒在前頭。

冬天有淒涼的風，
卻是春天的搖籃。
你們的血照亮著路，
我們會繼續前走。

我問光直，為什麼遙隔海峽，你和我們唱的歌一樣？
光直答，他是在台北監獄學會唱這些歌的。

原來與光直同監的「四六事件」受難者，有好幾位是台灣大學「麥浪歌詠隊」隊員，這些歌都是與牢中難友們一起唱會的。

光直坐牢，其實與台大、師院的「四六事件」並無關聯。他是建中學生，天賦文學才華。他的創作〈老兵的佛像〉、〈伐檀〉在《新生報》文藝別刊發表，他演出話劇《欽差大臣》、《反間諜》也獲佳評。他還與班上幾位同學，辦了個壁報「五十年代」。假如沒有那次坐牢，光直可能繼承他父親張我軍的文學事業。

那時國民黨已有檢舉告密制度，有人把辦壁報的同學名單，以「共匪嫌疑」報到學校訓導處。那位訓導主任欣賞張光直的才華，仍推薦他為獎學金得獎人；但名單得按制度交安全部門，從此張光直的名字列入了郵政檢查的黑

名單。

　光直說，那個「四六事件」，是國民黨情治機關精心策劃的消滅台灣學生運動陰謀的開端。逮捕學生的名單，是國民黨情治機關通過書信檢查和收買告密者「證言」製作的。逮捕他，只因爲他在北京師大附中的一位朋友溫景昆寄來一封信和一本小冊子《方生未死之間》，信中讓他看完後給台灣大學工學院一年級學生申德建看。

　這封信改變了光直的一生。他還記得第一次受審的情景：

　　問：在北平什麼時候加入共產黨的？
　　答：我沒有加入共產黨。

　　問：你什麼時候在共產黨受的訓？
　　答：我沒有在共產黨受過訓。

　　問：姓溫的是不是你的聯絡人？
　　答：我不懂你什麼意思？

　　問：好，你不懂，我替你說了，你在北平加入共產黨，黨裡派溫景昆做你和申德建的聯絡人，到台灣以後，你就在建國中學裡宣傳共產主義，溫景昆把共產黨給你的指示傳過來。
　　答：這些事情都沒有，共產黨要是有消息給我，難

道他就寫在信裡給我嗎？他們還不知道信要經
過檢查的嗎？

問：你還說你沒受過訓？你今年才18歲，到現在一
　　樣一點也不慌張，對每一個問題都有答案。共產
　　黨不用航空信把指示傳給你用什麼？難道自己
　　飛過來？
答：你說我是共產黨，我不是。我要求看你有什麼
　　證據？

問：證據！證據！我給你唸幾句(唸溫景昆信)：「黑
　　暗就要過去，光明就要到來，不久北京就會解
　　放。」還有：「北京解放以後，我們通信恐怕
　　會慢下來，但我們都要有信心，有一天在不久
　　的將來，我們將在解放了的台灣碰面。」好
　　了，這還不夠？
答：這只是他的希望，有什麼是給我的指示呢？

問：你還狡辯！

　　就是這封信，使光直被當作「匪嫌」關進國民黨的監
獄，經歷種種磨難。一年後光直祖母病危，想見愛孫最後
一面。光直的父親張我軍多次寫信請求被拒，最後張我軍
托好友楊肇嘉找警總司令彭孟緝，才獲准保釋。光直出獄

返家那一天，已是祖母出殯之日。

　　光直說，一年牢獄之災，接觸各樣的人，使他對人之為人發生了很大興趣。他出獄後以同等學力考上台灣大學考古人類學系，就是想知道「人之所以為人」。

　　他說，人為什麼這樣容易受騙？為什麼肯這樣出力地鬥爭？他發現相互鬥爭的兩夥人中，「好」、「壞」也難判斷。「特務」就是壞人嗎？抓他那天，為首一個姓趙的，命令手下幾個「特務」查看屋裡有什麼東西。

　　戒嚴前的台灣，圖書出版還算開放，他買了不少「左傾」書籍，艾思奇的哲學書、翦伯贊的歷史書、毛澤東的《新民主主義論》等，有5、60本，都放在書桌上和抽屜內。

　　姓趙的臨走時問：「查到什麼書沒有？」沒人回應，一個年輕的轉身從書桌上拿起一本《三民主義》，說：「只有這本。」姓趙的看了一下封面，就扔在桌上，只拿著溫景昆的信帶走了光直。

　　入獄3、4個月後，又有一批特務抄家查書，翻箱倒櫃，毫無所獲。他父親早就把那些書轉移了。

　　更讓他意外的，是幾十年後，他從美國到中國考古，申德建的哥哥找到他，要他寫證明，申德建活著出獄沒有死在獄中，是因為他原來就不是共產黨，只是受那封信的牽連，而非出賣同志或其他叛徒行為。

　　張光直驚訝的是，共產黨竟要他來證明申德建不是共產黨。他如實寫了證明：申之入獄只因溫景昆信中提到要

他看完一本書後交給申看。申德建的哥哥高興地說，光直替他解了多年的冤枉結。原來他因弟弟被國民黨抓去沒有死在獄中，一直被共產黨視爲不可信任的「叛徒家屬」。

若瑛和我在哈佛時，光直已患輕度帕金森症。他說，腦中的意念，有時無法傳遞到手足的行動；但只要按時吃藥，並不影響開車、走路、講課、寫書和考古人類學的野外作業。

1994年，李遠哲邀請光直回台灣擔任中央研究院負責人文科學研究的副院長。由於健康原因，光直有點猶豫，後來還是答應了。

一是爲李院長的誠意打動。李遠哲認爲台灣中央研究院應趕上世界先進水準。他自己熟悉的領域是自然科學，可以多方設法物色傑出人才強化中研院的自然科學部門。而他看到中研院人文科學研究更需加強，也考慮過另一適當人選余英時院士，惜未獲首肯，希望光直勉爲其難。

二是光直自己也有志一圓建設台灣人文環境之夢。他眼看台灣從國民黨白色恐怖變爲自由國土，但黨國文化破壞台灣人文環境的遺毒還在，他願意爲開創台灣的自由新文明做最後的貢獻。

光直到中研院後病情加重。1997年我到台灣遇到他時，他的行動已很困難，走路會跌倒。不久就回美國住院治療。最後兩年，若瑛和我只能在寒暑假從紐澤西開車到波士頓的醫院探望他。2000年暑假見到他時，躺在病床上的光直，神智清楚，談興甚濃，期待著自己重新站起來，

不但要回台灣圓他的人文建設夢，還不忘再去中國挖掘他
發現的商代古城遺址。想不到這竟是最後的訣別。

　　我們在哈佛的第二學期，我們的好朋友王若水、馮媛
夫婦也來到哈佛。尼曼基金會邀請馮媛作為尼曼學者在哈
佛作一年的新聞學研究，若水陪伴他的夫人同來。他們的
住所與我們在同一條街Sumner Street，等暑假我們回普林
斯頓，若水和馮媛就搬到我們的住所。

　　因為住得近，我們相約每天早晨七點在傅高義家會
合，由王若水教大家打太極拳。除了我們兩家，參加的還
有傅高義和另一位美國教授Jonnathon。兩位美國教授都
打得很認真，很快就學會了。

　　週末我們兩家常相約出去玩。有一晚美國朋友帶我們
去波士頓一個俱樂部，大家都進去了，馮媛被攔在門口不
讓進。原來這個俱樂部規定，不到20歲的年輕人不能進
入，門衛以為馮媛是不到20歲的學生，而馮媛身上也沒有
帶可以證明她已滿20歲的證件，所以被卡住了。後來若水
以Husband(丈夫)名義證明她超過20歲，才得以進門。

　　我們走到俱樂部樓上，聽到一處劇場裡面笑聲、掌聲
很熱鬧，想進去看看。這回卻輪到男士們不准入場了，只
准馮媛和若瑛兩人進去。等她們出來時一問，原來是男演
員表演脫衣舞。我問美國朋友，為什麼女演員表演脫衣舞
女士們可以看，而男演員表演脫衣舞不准男士們看，豈不
是不平等嗎？

　　那位朋友答得有趣。他說：女士們容易害羞，有男士

在場，尤其是丈夫在身邊，會不好意思盡情盡興地看；不准男士們進場，解除了女士們的心理障礙，可以盡情盡興地看。

由於若瑛有一手好廚藝，所以朋友們喜歡來我們家就餐。我們的住房，雖說是閣樓，也夠寬敞，一張長桌可以坐7、8位客人。國內來的親朋，像黃宗英，把原來住的旅館退了，搬來與若瑛同住，一起過1993年的春節。除夕之夜，我們請了許多客人，若水和馮媛夫婦、房東Ezra和Charott夫婦和李春光，加上宗英、若瑛和我，正好8人，坐滿一桌。這是流亡海外這些年過得最快樂的一個除夕夜。

1993年2月25日，我在哈佛大學費正清中心舉辦的「新英格蘭系列講座」，作了題為「The Unique Chinese Communist Party Leader Tao Zhu in the Cultural Revolution」的講演。這是我研究中國文革的心得之一。

Unique，就是獨一無二。陶鑄在文革中的角色是獨一無二的，如同胡耀邦在文革之後的角色是獨一無二的一樣。這兩個人，是中國共產黨領導人中的異數。

胡耀邦評陶鑄：「這個人有膽量、敢負責、熱情爽朗、心胸豁達，還有一股人情味；主席不喜歡這種類型的人。」

胡耀邦並不完全了解毛澤東和陶鑄。當毛澤東要打開一種新局面的時候，就需要「利用」陶鑄「這種類型」的人，否則怎麼會在文革之初把他提到「毛、林、周、陶」

第四號人物？而且陶鑄是11個政治局常委中最年輕的一個。

　　然而陶鑄有他自己的堅持。他支持文化大革命，支持民眾把共產黨各級領導的「泥菩薩」們都燒一燒，燒成「陶瓷菩薩」，而不是統統砸碎！陶鑄在文革中強調的是民主、和平、說理，反對專制、暴力、戴高帽子。最後同追逐權力的專政派決裂是勢所必至。其實毛澤東時代陶鑄的悲劇，與鄧小平時代胡耀邦的悲劇如出一轍，都是自由理想被貪慾、權勢慾吞噬的悲劇。

　　這次講演我作了認真準備，然而並不成功。木令耆說：「像這樣的講演，你不如用中文講，請Andy譯成英文，慢一些，給人思考的時間，因為你的想法也是Unique (獨一無二)的。」她的意思是，我的英語差，又連續講下來，聽眾要弄懂我的話，就難以思考其意義了。

　　看來，我的英語表達能力，以及我叛逆的思想，是不是已經達到極限，無法再進一步獲得美國聽眾的接受與理解？

　　我想起了越栩。她會怎樣想？讓我休止？還是跨越極限，繼續追求「完全自由」的夢？難道我的理想，也因她的消蹤而成為逝去的夢？人的一生，逐夢的機會，本來難遇，一旦消蹤，永不重逢。

16 初訪台灣

　　我對台灣的認識，是到美國後逐步建立起來的。我的
第一個台灣朋友是杜念中。他是哥倫比亞大學黎安友教授
的博士研究生，又是台灣《中國時報》駐美特派員和《美
洲中國時報雜誌》主編。他還主編過一本學術性的期刊
《知識分子》，在中國知識分子中很有影響力，我在中國
時就閱讀過。

　　一到哥大，小青就說杜念中想見我。我說歡迎啊，於
是就見面。印象中他是一個認真的讀書人和專業的媒體工
作者。人非常認真謙和，讓我感到有點過分謙虛。他讀書
很多，對西方左派理論包括馬克思主義都很熟悉。他的博
士論文是關於「亞細亞生產方式」的研究，因而關注中國
學術界對中國社會性質的爭論。

　　他說他在《新華文摘》看到過我的文章，如〈從人的
異化到人的解放〉，是他感興趣的，所以想同我討論。以
後他就約我為他主編的雜誌寫稿。我在哈佛的講稿〈胡耀
邦與我〉，曾在那裡連載過。我那本《鄧小平帝國》中文
版，也是杜念中推薦給「時報出版公司」出版的。

　　張俊宏是我在美國遇到的第一位民進黨人。1989年
初，他應黎安友教授邀請，在哥大東亞所短期訪問。因為

是同一位主人請來，同在一個所，所以常常見面聊天。

年輕時的張俊宏。屬於國民黨內少數青年改革者，在《大學雜誌》發表改革言論，提出解除戒嚴，開放黨禁、報禁，國會全面改選等訴求。

張俊宏說：那時正值小蔣(蔣經國)積極奪權時刻，小蔣為打擊保守腐敗的老人勢力，刻意利用年輕黨工批判國民黨高層。等到小蔣權力穩固，張俊宏就被他的直屬長官「請」出了國民黨。

後來張俊宏與黃信介合作，創辦黨外雜誌《台灣政論》，擔任總編輯。1977年在黃信介支持下當選省議員。1979年任《美麗島》雜誌總編輯。在高雄美麗島事件中，張俊宏是軍事審判8名主要被告之一，坐了8年國民黨的牢。直到1987年解嚴前，才與黃信介一起走出監獄。

張俊宏在新店明德監獄與黃信介比鄰而囚，服刑後期監管較鬆，兩人有機會共商國家大計。他們認為台灣民主運動需要超越「議會路線」和「街頭抗爭」，進一步提出「執政目標」；反對黨不只要發揮在野監督力量，應爭取成為執政黨。

出獄後，他與黃信介加入了民進黨。在1988年民進黨第三次全國代表大會上，黃信介當選第三屆黨主席；張俊宏當選中常委，被任命為秘書長。

為了邁向執政目標，張俊宏出任秘書長後，針對1989年3項地方公職選舉，提出「地方包圍中央」的選舉戰略。張俊宏說，國民黨的黨國體制，中央強，地方弱，反

對黨在地方選舉中比較容易擊敗對方。

所以他主張廣泛提名強有力的縣市長候選人,從爭取地方執政開始,贏得部分地方執政權後,縣市長連線作戰,形成民進黨縣市長執政聯盟,積累執政能力,由地方包圍中央,剷除黨國特權,迫使國民黨改變舊國家體制,接受全民直選總統,最終贏得總統選舉實現全國執政目標。

我問張俊宏:「你的『地方包圍中央』戰略,目標宏大。但我聽說地方選舉在台灣很花錢,國民黨有龐大黨產,民進黨競選經費從哪裡來?」

張俊宏說:「台灣的企業家,既捐錢給國民黨,也捐錢給民進黨。」

我問他為什麼?他說,有個企業家對他講:「譬如我有兩個兒子,假如老大不孝順,我還可以靠老二,比較有保障。如果只有一個兒子,不孝順就沒有辦法了」。

他們也向支持民進黨的普通百姓募款;民進黨公職人員都要負責募款和捐出部分公職報酬。黃信介早在黨外時期(民進黨成立前),就捐出自家財產支援黨外競選團隊。

張俊宏告別哥大返台前,我與黎安友同他聚會。他說,這次回去,是要在12月選舉實現他的「地方包圍中央」戰略。如果失敗,他就回哥大做黎安友的博士研究生;如果成功,恐怕就無法回來了。

我說:「那我該祝賀你『地方包圍中央』成功,還是歡迎你重返哥大呢?」

　　張俊宏沒有回來，「地方包圍中央」戰略成功了。民進黨在1989年那場選舉中，贏得宜蘭、台北、新竹、彰化、高雄、屏東6縣地方政權，民進黨支持的張文英(許世賢之女)當選嘉義市長。這7位縣市長成立了「民主縣市長聯盟」，向中央政府爭取人事、財政、警察、教育等地方權力；同時幫助民進黨中央推進國會全面改選、總統全民直選等全國性改革目標。

　　民進黨內過去反對議會路線的派系，曾強烈質疑和抵制張俊宏的「地方包圍中央」戰略。結果證明這一戰略是正確的。我到台灣的1997年，民進黨已在全國21個縣市中贏得過半數，在12個縣市執政；得票率42.32%，超過國民黨的42.12%。加上陳水扁1994年贏得台北市，民進黨在地方執政範圍已佔國土和人口的一半以上，為邁向全國執政奠定了基礎。

　　22年過去，2011年5月16日，我意外接到張俊宏打來的電話，說「有重要問題請教」。我按他告訴我的地址找到他的辦公室。

　　歲月無情。在我面前，當年才華橫溢的英俊男子，如今已是飽經滄桑的垂垂老人。張俊宏說：「我們(指在座另一友人)正在研究一個關係台灣命運的重要問題，要向你求證。」

　　原來他們聽說，毛澤東後悔1949年把中華民國國號改為中華人民共和國，如果不改，台灣是中華民國一個省，自然就和平統一了。

還說，中共現在又想把中華人民共和國改回中華民國，以便統一台灣。所以他們正在研究，用什麼方法解救這個危機？找我去就是「請教」這件事。

我聽了深感悲哀。為什麼當年能夠提出「地方包圍中央」的宏偉戰略，引導台灣人民打敗國民黨，贏得台灣半壁江山的「智多星」，今天會鑽進這樣一個「牛角尖」？

我告訴他們，這個故事，我在中國從未聽說。1988年到了美國，倒是聽那裡的國民黨人士說起過。那時談起中共對台政策，我很驚訝於他們的兩個看法：

一個是說，1949年時，毛澤東本來不想改國號，延續中華民國，就不存在外國承認與否的問題。那時共軍打到南京，司徒雷登和西方國家大使都留著不走，只有蘇聯的羅申大使跟孫科去了廣州。據說毛澤東後悔聽了別人意見改掉中華民國國號，要不然，中美建交後，台灣自然屬於中國共產黨統治的「中華民國」。

另一個是說，毛澤東的對台政策是「血洗台灣」，鄧小平的對台政策是「和平統一」。

我告訴他們，這兩點都不符合歷史事實。

韓戰開始，美國第七艦隊進入台海，毛澤東已知「解放台灣」不是對蔣介石、而是對美國，從此放棄攻台部署，把福建前線軍隊轉移東北。1958年八二三炮戰，也是試探美國對台防禦範圍。1960年代開始，毛澤東的假想敵已是蘇聯。

1971年季辛吉秘訪中國，毛澤東制定「聯美制蘇」戰

略，把台灣問題推到「100年後再說」，哪裡有什麼「血洗台灣」的「政策」？季辛吉記錄下來他同毛澤東的對話表達得再清楚不過。

季辛吉對毛澤東說：「我們不需要台灣。」毛澤東回答：「現在你把它送給我，我也不要，我要告訴上帝，現在台灣由美國代管比較好。」

倒是鄧小平急於要「台灣歸回祖國」，利用卡特政府軟弱，逼美國對台「斷交、撤軍、廢約」，提出「八十年代」統一時間表，請李光耀當說客，遊說學弟蔣經國同他談判「國共第三次合作」，實現「和平統一，一國兩制」。

由於美國國會制定《台灣關係法》繼續協防台灣和蔣經國提出「三不」(不接觸、不談判、不妥協)，才使鄧小平「統一」夢碎。

我說，國號叫什麼？同統獨、同國家主權沒有絲毫關係。今天聯合國憲章的創始國不還是「中華民國」嗎？為什麼堅持「中華民國」國號的馬英九進不去，「中華人民共和國」國號倒在裡面坐得穩穩的？

重要的是真實的國家，而不是虛假的國號。你看看馬英九自己護照上的美國簽證，「國籍」(Nationality)欄上是什麼？明明是「Taiwan」！這就是真實的國家！台灣是20世紀末全球民主化浪潮中新生的自由國家，曾被譽為新興自由民主國家的東方典範。這就是真實！

馬英九不承認真實的國家，不承認台灣的獨立主權；

硬說中華民國主權獨立,包括台灣地區和大陸地區。這不是自欺欺人嗎?我看你們不要學馬英九去鑽國號牛角尖。他把台灣鑽成中華民國台灣地區,自我否定台灣主權。你們又怕中國改成中華民國,改個國號就能把台灣吃掉?天下哪有這等事?

我這些話,顯然是烏鴉之音,張俊宏和他的朋友失望之情形於表,似乎不同意我,但又說不出所以然。轉而聊了些別的,我就告辭。送出門時,張俊宏忽然露出昔日笑容,對我說:「我有一瓶好酒,改日請你來暢飲!」

1992年8月,我應政大國關中心之邀,出席在台北舉行的「中—美—歐年會」(這裡的「中」,指台灣,非指中國),那是我第一次踏上台灣的土地。給我留下的印象,正是那本害張光直失去自由的小書的書名:「方生未死之間」。一個走在自由之路上的新台灣已經誕生,而那黨國專制統治的舊王朝尚未死去。到處都能看到新舊力量之間的衝突。

那時台灣解除戒嚴,開放黨禁、報禁已有5年,國民黨僵化的思想言論統制卻未放鬆。在1987年7月解除戒嚴的同時,黨國政府重申「堅決反對台獨分離意識」,並另訂《國家安全法》。軍警照舊鎮壓五二〇農民運動,抓捕「爭取百分之百言論自由」的《自由時代》雜誌創辦人鄭南榕,使他為抗拒抓捕壯烈犧牲。

然而台灣的農民運動、工人運動、學生運動、環保運動風起雲湧,已不是黨國舊體制所能控制,反而引發了國

民黨政權內部的裂變，形成支持改革的「主流派」和維護舊體制的「非主流」，這一點在會議上也有所表露。

主辦這次會議的林碧炤、蘇起告訴我，政大國關中心實際上是一個獨立機構，做民間外交。由於中國打壓，官方外交無法進行之處，就由國關中心通過民間交流打開局面，他們的工作不屬政治大學管轄，而由總統府直接領導。

我也注意到會議期間，每晚都有政府部會首長舉辦晚宴，也有總統接見；獨缺行政院長郝柏村的角色，因為他屬於「非主流」。

在這次會議上，我遇到久別了的密西根大學教授李侃如，但彼此已無多少共同語言。過去他曾從國民黨方面得過不少資助，「六四」屠殺後同中國走太近，台灣要縮減對他的資助，一時鬧得不大愉快。但李侃如很精明，後來受汪道涵之托提出「中程協議」主張，到台灣推銷，成了兩頭獲利的說客。

台北當時給我的的印象，首推交通阻塞。每晚赴宴，從會場到餐館並不遠，十幾分鐘可達的路程，竟要耗一個多小時，6點鐘的晚宴7點半才到得了。原因是修建捷運，挖開道路，上下班時間的車流擁擠得水洩不通。

那次會議，還組織我們去了一趟金門。那時金門處於尚未解嚴但即將解嚴之際，是由空軍的專機送我們去的。到了那裡，確是一派軍事前線狀態。一名軍官走過來，我對他說：「共產黨不會打金門，你們準備開放旅遊吧！」

他似乎特別警覺，立即搖手道：「可不能這麼說，我們時刻準備戰鬥呢！」看來士兵們眞在「嚴陣以待」。

接著參觀八二三金門炮戰紀念館，似乎是靠郝柏村們的英勇果敢，國民黨軍隊打了大勝仗，擊退了共匪對金門的進攻。但稍稍了解這段歷史的看了都會失笑。1949年古寧頭之役，可以說是擊退共匪，陳毅吃了敗仗。至於1958年八二三炮戰，毛澤東只是試探美國對台戰略，連渡船都沒有準備，何來擊退對金門的進攻？

會議結束前得到通知，總統準備接見國外來台參加會議的學者。接見前還有人關照，要我們國外來的華人學者不要講話，把時間留給眞正的「老外」講。多數都遵命了，只有一位楊力宇教授未遵命。因他見鄧小平時，鄧對他講過「對台政策鄧六條」，所以他一定要問李登輝怎麼回應「鄧六條」。李登輝對此只是實問虛答，楊力宇也未再追問。

怎麼看李登輝這個人？是我在美國時就曾思考的問題。在密西根大學時，奧克森柏格(Michael Oksenberg)給我講過一個故事。

李登輝第一次當選總統時，奧克森伯格訪問他，問他爲什麼說國民黨是「革命民主政黨」？在美國人看來，革命與民主似難相容。李登輝的回答讓他覺得很有趣。李說：

「革命與民主有何不相容？我的血型是AB型，A型、B型的性格都包含。國民黨包含革命與民主雙重性

格，是歷史發展中自然形成。」

這話恐怕不能認真看待，且不論國民黨在中國壓迫人民的法西斯統治，就是在台灣，也是既不「革命」、又不「民主」的。倒是後來李登輝對司馬遼太郎的說法更接近事實：

「以往掌握台灣權力的，全部是外來政權。即使是國民黨，也是外來政權呀！那只是來統治台灣人的黨。必須將它變成台灣人的國民黨。我們70歲的這一代，夜裡都難以安安穩穩地睡覺。」

李登輝並沒有實現把外來政權的國民黨，變成台灣人的國民黨。然而在1990年代之初，他的確曾經借助社會民主運動和反對黨的力量，為把台灣從國民黨外來政權向自由民主國家轉型作過歷史貢獻，因而獲得「民主先生」(Mr. Democracy)的美名。

我曾經把李登輝對待學生民主運動的態度與鄧小平作對比。1989年6月，鄧小平運用國家專政機器的暴力，血腥鎮壓天安門學生；1990年3月，李登輝借助中正紀念堂靜坐學生的力量，推進台灣的民主轉型。

1990年3月，台灣爆發「野百合」3月學運。3月16日，台灣大學學生進駐台北中正紀念堂靜坐，抗議國大代表擴權謀私，向李登輝提出四項要求：

(1)解散國民大會
(2)廢除動員戡亂時期臨時條款

(3)召開國是會議

(4)訂定民主改革時間表

3月17日，全國各大專院校在中正紀念堂靜坐的學生已逾萬，爲台灣40年來僅見。黃信介領導民進黨聲援學生，在學生靜坐區前示威，向李登輝提出十項要求：

(1)宣佈終止動員戡亂時期

(2)總統直接民選

(3)國會全面改選

(4)省市長直接選舉

(5)軍隊、情治系統國家化

(6)司法獨立

(7)開放電視電台頻道

(8)還財於民，刪除一切黨國不分的預算

(9)釋放全部政治犯，政治犯復權

(10)解除入出境黑名單

3月21日，李登輝當選總統當天，接見中正紀念堂靜坐抗議的50餘位學生代表，承諾召開國是會議，訂定明確的政治改革時間表，兩年內完成憲法修訂工程。

召開國是會議，是李登輝借助國民黨之外的政治力與社會力，在台灣實現從外來政權統治到自由國家轉型的重要一步。

　　「國是會議籌備委員會」開會之前，李登輝於4月2日邀請民主進步黨主席黃信介到總統府會見，按照黃信介事先擬好的「國事備忘錄」，雙方就民主改革時間表達成共識。

　　台灣終結外來政權統治、實現自由民主制度轉型的進程，基本上是遵循那時黃信介擬定、李登輝認同的「國事備忘錄」程序推行的。

政治改革程序	黃信介備忘錄時程	實際完成時間
終止動員戡亂時期	1990年7月1日前	1991年5月1日
資深中央民代全面退職	1990年9月1日前	1991年12月31日
廢除臨時條款	1990年12月31日前	1991年5月1日
國會全面改選	1990年12月31日前	國代1991年12月21日
		立委1992年12月19日
省市長民選	1991年6月30日前	1994年12月3日
總統直接民選	1993年3月31日前	1996年3月23日

　　我初訪台灣之時，正是台灣民主轉型按照黃信介的設計一步步前進之際。但我未能會見這位台灣民主獨立運動的英勇旗手。

　　多年後(1997年)我見到他時，黃信介剛動過胃部手術，在家休養。他回顧擔任民進黨主席時台灣民主化的崢嶸歲

月，對我提到他對李登輝的看法。黃信介說：

「李登輝那時的改革是真心的，他只有借助社會運動和反對黨的力量，才能擊敗國民黨內盤根錯節的舊勢力，他的總統權力才能鞏固；民進黨也要借助李登輝代表的體制內改革力量的互動，共同對付舊勢力，才能實現自己的自由、民主、獨立目標。」

而1990年代初期，正是這兩種力量互動較佳、台灣自由民主進展迅速之時。談到這裡，黃信介頗有感慨地說，體制內與體制外，選舉與群眾運動，本來應當互動配合；但有人硬要對立起來，掀起「路線鬥爭」，結果是幫助國民黨分裂民進黨！

我這次來台之前，陸鏗兄打電話來說：「你在那裡人地生疏，我給你介紹一位朋友陳宏正，讓你會後多留幾天，到處看一看。」

會議結束前夕，陳宏正來了。高高瘦瘦的個子，戴副眼鏡，看去是個學者型企業家。他話不多，相認之後說：「明天換個地方，去圓山飯店住，我來接你。」

第二天就住進了圓山飯店。那裡居高臨下，視野寬闊，交通也方便。宏正說要帶我去玩玩。我說會議已安排去過故宮、新竹科學園區，還有金門。他就帶我去遊陽明山。

從此我們成了好友，照宏正兄的說法，是「一見如故」。那時我每年只能到台灣一次參加學術文化活動，因為我雖有美國綠卡，但無國籍，算「大陸人士」，規定入

境台灣每年不得超過一次。接著1993、1995、1996那幾年，我和陸鏗兄約好一起到台灣，與宏正兄相聚。

1997年我到淡江大學教書，接著陸鏗、崔蓉芝夫婦在台北忠孝東路有了住房，相聚的機會就多了起來。每次都由宏正發動，邀集他和陸鏗的共同朋友，或長住台灣的，或臨時從國外來訪的，在一起餐敘。

有一回，柏楊在餐桌上說：陳宏正是台灣知識分子的「大護法」。對國民黨白色恐怖統治下遭難的知識分子，陳宏正總是不遺餘力給予支持。據我所知，受共產黨迫害、流亡海外的中國知識分子，陳宏正也一樣是「大護法」。從戈揚、嚴家其，到天安門學生領袖王丹、柴玲，包括我自己，都受過他的幫助。

1995年，柴玲、黎安友教授和我一起在哥倫比亞大學舉辦中國農村問題研討會，邀請台灣、美國、中國的專家、學者參加。台灣參加的有陳希煌、焦仁和、曾永賢、張榮豐等人，中國參加的有吳象、吳明瑜、孫長江、鄭仲兵等人。當時這樣一些人物同美國人一起開會，在哥倫比亞大學也是一件大事。

臨到開會前，黎安友對我說，由於中國來的人較多，有人年紀大需要夫人同行照顧，費用超過原來預算，問我能否請台灣方面朋友幫忙。時間緊迫，我打電話告知宏正兄，他立即匯來一張5,000美元支票，並堅持不要用他的名義捐助。但哥倫比亞大學規定必須開具捐助者免稅證明，只好開了我的名字。

　　相識既久，我察覺宏正雖與陸鏗一樣喜交朋友，但對象有所不同。陸鏗是大記者，他的朋友涵蓋政、軍、學、商各界，範圍極廣，他邀我同他去見過的，就有蔣緯國、梁肅戎、余紀忠、丁懋時、丁中江、馬樹禮、張佛千、楚戈、劉紹唐等。

　　宏正的朋友，大都是自由主義知識分子，如李遠哲、彭明敏、余英時、張光直、卜大中、江春男、柏楊等。陳宏正還在紐約參加戈揚、司馬璐兩位老人的婚禮，擔任證婚人。那是戈揚告訴我的。

　　我初見他時的第一印象沒有錯，陳宏正確是喜愛讀書的學者型企業家。他在台大學的是經濟，成了企業家；但在台大時深受殷海光薰陶，自由主義理想終生不渝。我看在殷海光的學生中，真正夠得上傳承他的自由主義精神的，陳宏正是第一人。

　　在台灣，胡適、雷震、傅正、殷海光、張忠棟等自由主義知識分子的代表去世之後，幾乎看不到他們的傳人。有些自稱殷海光學生的人，早已轉型為民族主義者，各為其虛構的「中華民族」或「台灣民族」揮棍舞棒。這就使陳宏正的默默貢獻更顯得難能可貴。

　　這些年來，陳宏正成立了殷海光基金會，出版了《雷震全集》47冊，編印了《現代中國自由主義資料選編》九大卷。在台灣和中國，陳宏正都舉辦過胡適、殷海光自由主義思想研討會，惜未能激起他所期待的迴響。

　　當自由的新台灣剛誕生之際，思想文化界呈現的卻是

自由主義理想的凋零和兩種民族主義(台灣民族主義和中國民族主義)的喧嘩與對抗，恐怕對於台灣人民在未來的自由之路上，將增添更多的艱難與挑戰吧？

17 天安門辯

　　天安門屠殺後，中國經濟、政治、思想文化的大倒退，在1991年蘇聯共產黨8月政變前後達到高峰。一股洶湧的反自由化、反和平演變浪潮導致連續兩年的經濟大滑坡。1989年GDP增長率從上年度11.3%降至4.8%，1990年再降至3.8%。

　　鄧小平坐不住了。1992年1月17日下午，他乘專車南下，開始那次著名的「南巡」。有人把鄧小平「1992南巡」與毛澤東「1971南巡」遊說地方和軍隊注意林彪相提並論，以為他又要廢黜接班人了。

　　與鄧小平相交、共事60年(1932年至1992年)的戰友楊尚昆，也未弄清鄧小平的真意，趕忙緊跟著南下，為老戰友「保駕護航」，助長聲勢。1月22日上午，鄧小平和楊尚昆兩家三代人，在深圳仙湖植物園相逢，有一段交談。

　　鄧小平：「我們在一起幾十年了哦。」
　　楊尚昆：「我們是1932年認識的，42、52、62、72、
　　　　　　82、92，60年了！」

　　(這時，楊尚昆的兒子楊紹明身揹三部照相機走過來。)
　　鄧榕(鄧小平小女兒)：「他是全國攝影家協會副主席

呀！」

鄧小平：「你們楊家有兩個主席了！」

(兩家人還在植物園各種下一棵常青樹──高山榕。)

　　當天下午，鄧小平和楊尚昆在深圳市迎賓館接見深圳市領導人。那時楊尚昆掌握軍權，所以緊跟鄧小平南下稱作「保駕護航」。楊尚昆不會想到，下半年中共十四大召開，他同鄧小平兩家友情即告終結，不再「常青」。

　　江澤民也猜不透鄧小平南巡真意何在，頗為不安，找鄧小平牌友丁關根和鄧小平小兒子鄧質方「通氣」，表白自己對鄧小平忠誠，同時訴說在中央工作的難處。

　　鄧小平表示理解，帶給江澤民的話是：「注意同鄧力群保持距離。」那意思很明白，南巡中鄧小平說「警惕右，主要防止左」，「左」指鄧力群們，鄧要江同鄧力群保持距離，表明他炮打的是左派，不是江核心。

　　2月21日，鄧小平回到北京。28日，江澤民將鄧小平「南巡」講話要點作為中央文件下發，「要求盡快傳達到全體黨員幹部」。接著，江澤民提出：「中共十四大報告要以鄧小平南巡講話作為貫穿全篇的主線，著重闡明為什麼要堅持一個中心、兩個基本點的路線100年不動搖！」

　　中共十四大，是鄧小平「兩個基本點」──即反自由化和改革開放「兩手硬」打敗陳雲「鳥籠經濟」的一次大會。鄧小平為十四大挑選的政治局常委，有幾個特點：

　　第一，原來3個陳雲鳥籠派常委，姚依林、宋平出

局；剩下李鵬，名義上仍是國務院總理，但已無法主導經濟政策。

第二，朱鎔基進常委，職務上只是副總理，實際掌握經濟大權，號稱「經濟沙皇」。鄧小平推薦朱鎔基時說：「我自己不懂經濟，但聽得懂；我現在推薦朱鎔基，他懂經濟。」

第三，76歲老將軍劉華清進常委，並非如海外評論家所言增加軍隊在中央的決策影響力，而是為江澤民鞏固軍權。

鄧小平「南巡」時察覺江澤民在軍中無威望，若楊尚昆、楊白冰兄弟掌軍，對江澤民統帥權構成威脅。因此不惜同相交60年的老戰友「割袍斷義」，在十四大削掉「楊家將」的兵權。

第四，49歲的胡錦濤進常委，比鄧小平自己進常委時(1956年，52歲)還年輕，那是對江澤民之後繼續鄧小平路線一百年不變的長期佈局。

鄧小平為最終確立其政治路線和組織路線，用了5年時間(1987年至1992年)，分兩步走以顯示其兩手硬。

第一步，從逼胡耀邦辭職下台到天安門屠殺，鄧小平的反自由化一手，把自由民主力量從黨外(民主牆，學生民主運動)到黨內(胡耀邦、趙紫陽周圍的民主改革力量)追殺殆盡。鄧小平「除右務盡」決心之大，同他至死堅持「反右派鬥爭」之「必要」一脈相承，足以反證毛澤東視鄧小平為「走資派」之判斷錯誤。

　　歷史已經證明，鄧小平是列寧、毛澤東無產階級專政理論和實踐的堅持者。他以「資產階級自由化」罪名，打倒胡耀邦、趙紫陽，把這兩位改革元勳從中國歷史上除名，其手段與毛澤東在文革中把開國元勳打成「走資派」，從中國歷史上除名如出一轍。

　　第二步，從「九二南巡」到十四大，鄧小平以改革開放一手，迫使陳雲鳥籠經濟派不戰而降。

　　天安門屠殺之後，中央經濟大權已控制在陳雲鳥籠經濟派手中。因此鄧小平舉家南巡，依靠地方力量炮打中央鳥籠。而地方，特別是東南沿海地區，多年來受中央鳥籠派打壓，正伺機而動，鄧小平南來一觸即發。最後在十四大把鳥籠派清除出權力核心。

　　鄧小平在十四大的另一改革是取消「顧問委員會」，即取消退休老人干政權。當時有人主張保留一個7、8個人的「顧問小組」，讓鄧小平、陳雲、李先念、楊尚昆、薄一波、萬里、王震、宋任窮等保留干政權，也被鄧小平否決。

　　在十四大結束後5個月召開的第八屆全國人代會上，鄧小平把楊尚昆的最後一個位置——國家主席——也拿了下來，給了江澤民。這就為他的「第三代核心」全面掌權掃清了道路。所以江澤民說，十四大是他「個人歷史的轉折點」。

　　十四大後，鄧小平的對外開放式一黨專政路線，已戰勝陳雲的鳥籠式一黨專政路線。江澤民不再需要看兩個婆

婆(鄧小平和陳雲)臉色行事，只要看一人即可。鄧小平也看
出江澤民已定下心追隨鄧小平路線「100年不動搖」，不
再說三道四了。

　　鄧小平帝國的日趨穩定，輻射到海外，是「民運」的
內鬥與分裂。期待中國共產黨將自行崩潰的精英們從夢中
醒來，借「反思」之名，把鬥爭的鋒芒，從屠殺者身上轉
向學生民主運動的年輕領袖。

　　天安門屠殺6週年的前夕，1995年4月下旬，美國長
弓集團(Long Bow Group)製作人韓倞(Carma Hinton)、《紐約
時報》駐北京記者Patrick E. Tyler、台灣《聯合報》系記
者薛曉光，還有若干流亡的精英學者，在香港看了一部
Carma製作的紀錄片《天安門》。

　　據影片製作人宣佈，「這部影片預訂於今年(1995年)下
半年推出」，那就是天安門屠殺6週年之後。然而《紐約
時報》迫不及待，在4月30日就登出Patrick E. Tyler發自北
京的「新聞」，通欄大標題是：

天安門屠殺六年之後，
倖存者們在策略手段上重新發生衝突。

　　Patrick 寫道，「一部今年將在公共電視台公映的3小
時記錄片制作者提供了證實學生中激進主義傾向的新焦
點：一卷軍隊鎮壓前五天訪問柴玲的錄影帶。」接著，
Patrick引了一段「柴玲的話」，譯成中文是：

在那(錄影帶)裡，柴玲說，她控制的領導集團的秘密策略是激怒政府以暴力對付徒手的學生。「我們真的期望流血，只有血洗廣場時中國人民將睜開他們的眼睛。」

為了「揭露」柴玲有一個誘殺學生的「秘密策略」(hidden strategy)，Patrick 在他的「新聞」中兩次重複「引用」這段話，接著寫道：

柴玲並說，她自己並不準備留在廣場。「我不要被這個政府毀掉」，柴玲在訪問中說。「我要活下去。不管怎麼樣，我就這樣想，如果別人說我自私，我不在乎。」

於是，所謂「激進派」有一個誘殺學生的「秘密策略」，而柴玲「讓別人流血，而自己求生」的「新聞」，從《紐約時報》拋了出來。為了突出「新聞」效應，Patrick特別強調，「這些從未完整報導過(have never been fully presented)的話，提供了對1989年群眾示威引發的緊張情境的新的洞察(new insight)。」

《紐約時報》的「新聞」果然引起轟動。港、台和美國的中文報刊紛紛發表譴責柴玲的文字，赫然的大標題是：

「天安門」紀錄片八九年血淚篇
柴玲的告白　期待天安門血流成河
別人流血喚起團結自己求生！

六四悲劇　利己英雄誤導群眾
文革遺毒　道德價值蕩然無存

　　我想，這種「新聞」如果登在北京《人民日報》上，人們會打一個問號，先弄清事實再爭論。但它登在美國的《紐約時報》上，人們似乎不假思索即信以為真，立即引起巨大反響。有人主張把柴玲同李鵬一起交付審判。也有為她辯護，說她年輕，說她最後還是與學生留在廣場沒有逃走。

　　台灣大學政治系教授石之瑜的一篇文章〈不要怪柴玲〉寫道：「這兩天上課，學生都討論柴玲的事，感到震撼。即令現實慣了的台灣學生，聽了都有些支持不住。」石教授舉了八國聯軍進北京時，慈禧太后一面表現激進，向世界宣戰，一面置拳民生死於不顧，帶光緒逃生等歷史實例，說明「領袖夾在激進風格與逃生需要中，的確很為難」。

　　我不知道台灣學生聽了這樣的「辯護」怎麼想？然而我對《紐約時報》報導的真實性有幾點懷疑：

　　第一，「新聞」導語說，學生領袖們在天安門屠殺6年之後重新爆發了一場策略問題上的「爭吵」(at odds)或

「衝突」(clash)，還配了一張5位學生在「爭論中」(at the center of a debate)的照片。但據我所知，這幾位昔日學生領袖，今天都在各自的公司或學校忙於工作與學習，並未爆發策略爭論或衝突。我倒懷疑《紐約時報》製造這篇「新聞」，旨在挑起衝突。

第二，幾年來我與流亡學生領袖有過接觸，與柴玲在普林斯頓大學相處較久，也曾就天安門學生運動的各個方面進行過檢討，但從未聽說激進派學生領袖有這樣的「秘密策略」。

第三，我自己由於寫《鄧小平帝國》一書，涉及1989年天安門悲劇，查考過當時能夠找到的中英文有關資料。印象中有一個柴玲5月下旬錄影講話，曾在電視和文章中被一再引用。而《紐約時報》引用的柴玲的話，有的似曾相識，有的聞所未聞，是否出自同一來源，啓人疑竇。

我查了查資料，終於眞相大白。原來Patrick所稱，那卷爲天安門學生運動提供了「新的焦點」、「新的洞察」的錄影訪問從未「完整報導」是撒謊。

我的案頭有一本《聯合報》編輯部編的《天安門一九八九》，此書收入了「柴玲五月底錄影講話」全文，約9,000字。這篇講話不但6年前已「完整報導」、廣泛流傳，而且早在1990年初，柴玲尙在中國國內逃亡時，胡平已在自己的文章〈關於八九民運失敗的結局〉中予以引用。

對照之下，只能證明「完整準確」的是6年前《聯

合報》編輯部編的舊版書；《紐約時報》的「新聞」，「新」在一無中生有，二故意曲譯，三斷章取義，四欺騙讀者。

5月2日，我寫了一封讀者來信，電傳到《紐約時報》編輯部，指出該報那篇報導的錯誤，要求登我的信以正視聽。編輯部不予理會。兩天後卻收到Patrick的電傳，為他的曲譯辯解，卻避而不提他無中生有地偽造「秘密策略」等欺騙讀者的關鍵問題。

我當天(5月4日)寫了第二封信給《紐約時報》的Executive Editor Joseph Lelyveld，對Patrick的信作出答覆，要求同時發表供讀者判斷。

《紐約時報》沒有答覆。

這樣我就只好訴諸其他媒體，我連續寫了〈紐約時報在撒謊〉、〈用謊言剪裁歷史〉、〈如何重估天安門學生運動〉、〈文字暴力的殺傷力〉、〈今年六四的三種聲音〉、〈末日審判前的賭博〉、〈民主女神會回來的〉等多篇文章，在美國華文報紙《世界日報》，台灣的《聯合報》和《自由時報》，香港的《蘋果日報》、《星島晚報》和期刊《開放》、《爭鳴》等，均及時登出，總算消了一點毒。

未想到我的這些文章，卻觸痛了幾位「民運權威」和「知識精英」的神經。原來在他們眼中，《紐約時報》是神聖不可侵犯的。有位權威問他周圍的精英們：「這個阮銘想幹什麼？十幾天就寫了十幾篇文章為柴玲辯護，攻擊

《紐約時報》！」

　　我想，你們不去弄清事實，就跟著「權威報紙」去圍剿一個女學生難道有理？我根據事實，揭穿「權威報紙」的謊言反倒錯了？

　　在這回「天安門辯」過程中，我要感謝一位朋友：華盛頓的廖大文女士。她屬於廖仲凱家屬的後裔，原來是香港的建築師，家境富裕。天安門屠殺後激於義憤，離開香港到華盛頓從事人權運動。她在人權機構工作時成績卓著，卻遭企圖搶奪資源的民運人士攻擊，誣陷她有經濟問題。後來雖經查清還她清白，但精神上已遭很大打擊。

　　廖大文女士是我在美國遇到的少數理想主義者之一。在這次爭論中，她同我一樣感到不平，主動幫我翻譯、傳送給《紐約時報》的信件，把我的部分文章譯文傳給美國有關方面，澄請歷史真相。如果沒有她，我真成了「孤軍奮戰」了。結果當然也一樣，她和我都遭到「民運權威」和「知識精英」的攻擊。但我們「不在乎」。

　　現將當時所寫文章中的一篇〈末日審判前的賭博〉收入附錄，可以略觀這場「天安門辯」的大概。

18 松谷湖畔

「天安門之辯」後不久，若瑛和我搬了一次家。我們在普林斯頓往南約40分鐘路程的大洋郡(Ocean County)，找到一個清靜的社區「雪松幽谷湖」(Cedar Glen Lakes)。

若瑛和我去看房子，是一個星期日的上午，辦公室休息，是兩位志工帶我們去看打算賣房的住戶。若瑛很快就看上了湖畔的一棟小房，房前花兒盛開，屋後樹木參天，碧綠的草坪，有自動噴淋設施，當下決定買它。

後來我問她：「你覺得屋裡的房間怎樣？有中央空調嗎？」她說沒注意，我也沒注意。這就是我們生平第一次買房。屋主Benson，開價55,500美元，我們還價53,000，就成交了。那時我們已有兩萬多元積蓄，向銀行貸款3萬，成了松谷湖畔這棟小房之主。

1995年7月9日，我們一家三口搬進新居。除了若瑛和我，那第三口是漂亮的愛斯基摩犬裴多芬(Beethoven)。裴多芬是柴玲的愛犬Tara的兒子，1993年6月，Tara生了6個子女，柴玲把最漂亮的一個大兒子送給了我們。送來時只有兩個月，睡在一個小紙盒裡，現在已經長成50磅的大犬。傍晚我們一家三口出門散步，總有人走上前來問他的大名，誇獎他：Beethoven! Beautiful Doggy!

　　我們的社區，處於紐澤西州大洋郡國家森林的邊緣。這片大森林裡的樹種主要是雪松(Cedar)，這個社區貼著森林，原來就是森林的一部分，十幾年前才劃爲老人居住的社區。55歲以上的老人(夫婦中一人即可)才可來此居住，不准帶20歲以下的子女，附近沒有學校，無校車接送。

　　社區內保留著小片松樹林、谷地(Glen)和3處小小的湖泊(Lakes)，所以命名「雪松幽谷湖」。我們成天與松鼠、小鳥、大雁相處，晚上散步，還會遇到從松林中竄出的小鹿。往東20分鐘車程到大西洋邊，那裡一條狹長的島嶼也是國家公園，是紐澤西州最好的海水浴場。每到夏天，紐約和紐澤西北部的游客都來此游泳。因北部海水已遭工業污染，而這邊沒有工業，海水保持潔淨。

　　新居雖小，只是一棟平房，對我們一家三口，已足以安居。從此一住16年(1995年至2011年)，是我們一生中住得最久的家了。過去在中國，居無定所；到了美國，一年一遷。現在住上屬於自己的房屋，有一種安定之感。若瑛忙著栽種花卉，整理庭園，別有一番鄉居的樂處。

　　5天後，就來了第一對客人李春光和丁小莉，一同去了海濱。因水冷浪大，未下海游泳。回程遊覽附近「六旗」(Six Flags)的野生動物園。我們開車進去，各種野生動物相繼朝我們走過來，鴕鳥、長頸鹿，都把嘴巴伸進車窗縫裡要東西吃。到了猴區更熱鬧了，一群小猴圍過來，跳上車頂，從4個車窗伸進8隻猴掌，搶著要花生吃，我們4個人一起餵都忙不過來。

　　春光回去後發表文章，把我們的家描繪了一番，什麼前有小湖後有樹林之類，人家以為我們買下了豪宅。其實這個社區屬於美國中下階層退休者居住，我們的原屋主就是一位退休護士。這裡離大城市遠，無公共交通，所以房價便宜。優點是環境清靜，空氣絕佳，治安良好。有一回若瑛和我去西部旅行十天，回來時看到屋門大開。原來我們離開時忘了鎖門，郵局知道我們今天回來，已把一個裝著十天郵件和報紙的大紙盒放上門檻。

　　春光的文章引發了戈揚大姐的興趣，她由女兒阿布陪同來看房。戈揚看中了我家附近的一處空房，是兩屋相連的「Doublex」(雙拼屋)，房價只要三萬多美元，居住面積同我家一樣；因我家是「Single」(獨立屋)，所以要貴一些。但研究結果，阿布認為地點太偏僻，無公共交通，戈揚又不會開車，與紐約的朋友來往不方便，因此作罷。

　　我們的鄉間小屋，不少親友來住過。中國來的，有我妹妹顧群和妹夫介綱，弟弟阮鐮和弟妹劉昭，還有周揚的秘書露菲。香港來的，有陸鏗、崔蓉芝夫婦，有若瑛的外甥女阮丹青。1997年我到台灣之後，淡江大學的一些學生和老師都來過。

　　若瑛和我帶他們去過很多地方。附近的普林斯頓大學和愛因斯坦故居，Mercer將軍犧牲的古戰場和那棵漂亮的大橡樹(現已死亡，改植了一棵小樹)，都是來客願望一遊的。遠一些的，到大西洋城也只有50分鐘車程，到費城獨立宮1小時，到華盛頓3小時，到波士頓5小時，到水牛城尼亞

加拉大瀑布9小時，我們都載親友們去過。

在美國，住在偏僻鄉間不會閉塞，而是感到更加自由。然而我未能想到，美國鄉間的自由日子，也非我能長久享有。一種新的命運，已在向我逼近。

在松谷湖畔安好家不久，陳宏正打電話來說，今年(1995年)12月的台灣立法委員選舉和明年(1996年)3月台灣總統大選，是台灣民主進程的兩場重要選舉，他要請陸鏗和我去觀選，要我抓緊時間辦入出境手續。那時我已申請綠卡尚未批准，出境前要申請到回美證，去台灣要辦「大陸人士」入出境證，要經多個部門審查，手續十分繁複。

最後一切辦妥，11月24日晚抵達桃園機場。《聯合報》的王震邦派了他的兩位朋友郭宏治和鄧丕雲接機，一同到《聯合報》社附近的一家餐廳。那時已近午夜，王震邦的夜班正好結束，帶了幾位同事一起吃午夜餐。

王震邦與我，未見面時已是朋友。那還是在若瑛剛到普林斯頓，我們住在「狐狸跑」的時候。忽然接到一封信，打開一看，抬頭寫的是「阮老」。若瑛笑道，你怎麼成「老」了？那時我雖近60，大概看起來還不是很老。那是一封約稿信，所以我與他未見面已為他寫稿了。

第二年，我到了哈佛後初次訪台，震邦兄就熱情招待。我無以為報，送了他一本正好在那時出版的《鄧小平帝國》。他一看，就要我再拿一本，由他引見送給王惕吾，王惕吾回贈我一本他創辦《聯合報》的回憶錄。

熟悉之後，我才發現震邦兄矛盾又可愛的性格。他是

個自由主義者，「六四」時在北京，對鄧小平的天安門屠殺深惡痛絕。但在台灣，似乎對「台獨」也深惡痛絕。他說，一旦他們掌權，像他王震邦這樣的人要被扔到海裡。我們常常爭論，他對我寫給他的文章也不見得同意。但他說：「你言之成理，我不同意也一定登。」我看他是個伏爾泰主義者，「我反對你的意見，我誓死保衛你發表意見的自由。」

那晚午夜餐後，鄧丕雲送我到青年會旅社，陳宏正已為陸鏗和我定好房間，大聲兄(大聲乃陸鏗之號，大家都這樣叫他)已先我抵達。

第二天(11月25日)上午，總統府的曾永賢、張榮豐來訪。那年(1995年)3月，我與哥倫比亞大學黎安友教授合作辦過一次中國農村問題國際討論會。焦仁和、曾永賢、張榮豐都赴美參加，後來一直保持聯絡。這次我來台前，曾永賢曾電告，他打算把我近年來的文字編成文集出版，他已經收集了台灣報刊發表的那些，問我有沒有需要補充？我寄給了他幾篇在香港發表的文字。

曾永賢告訴我，文集已編好，約定28日下午到出版社簽合同。曾永賢大概看到我的旅舍有點寒酸，要讓我搬到來來去住。他說，來來離總統府近，聯絡方便些；總統府原本要請我來的，後來知道已有人請了，但這裡的條件差了些。我婉謝了他的好意。

25日中午，陳宏正來，同陸鏗和我在青年會共進午餐。接著我就跟著大聲和宏正兄，下午參訪選舉政見會，

晚赴丁中江家宴。26上午訪周海嬰、馬新雲夫婦(他們從中國來台探望大兒子周令飛)，下午訪張佛千，晚赴國家大劇院觀賞雲門舞集。

27日參訪中央研究院，李遠哲、張光直正副院長設午宴接待。席上除宏正、大聲和我，還有中國來的客人劉夢溪、陳祖芬等。晚赴國家音樂廳聽音樂。

28日與曾永賢、張榮豐在來來共進午餐後，一同到稻田出版社簽合同。出版社發行人孫鈴珠，我從未聽說過，不知其何許人。看樣子似乎是國民黨系統的出版社。這本書是永賢兄一手辦的，文章都是他選的，我只是請焦仁和寫了一篇序。

我想曾永賢出這本書，可能還有上面的授意。我在美國寫的這些肯定台灣和平民主進程的文字，可能符合當時執政者的需要。書名卻出於其中一篇文章的標題：「兩岸統一，百年大計」。就是說當代台灣人的使命，是台灣的民主化現代化，統一與否，是留給後代去考慮的事。我引的是毛澤東對尼克森、季辛吉說的：「台灣問題可以等100年，留給我們後代去解決。」

曾永賢一生頗具傳奇性。他是台共黨員，早年從事農民運動。台共地下組織被破獲，他被迫自首。曾永賢說，蔣經國會見他時表示，年輕人加入共產黨，出發點是追求自由理想，可以理解，鼓勵他通過自身經歷認識共產黨，讓他擔任中國共產黨的研究工作。

那天談話中，張榮豐建議我不要在台北看選舉，應到

南部看看。他聽說嘉義市的選舉蕭萬長和蔡同榮勢均力敵，可去看看。他說，他請一位朋友幫我安排，同我一起下去。榮豐立即撥通電話，請莊碩漢安排。

曾永賢又提出另一個建議，問我是不是可以考慮來台灣較長一段時間？他說，這些年我差不多每年來台一次，時間很短，入出境手續麻煩。如能來教書或做研究，住得長些，不但對台灣有幫助，我也可以更了解台灣。如果我同意，他可以讓陸委會安排。

那天晚上，宏正兄邀我參加紡織界的餐會，認識了戴一義。戴一義同陳宏正一樣，是台灣企業界罕見的真誠支持台灣民主和人權運動的自由主義企業家，他的夫人是畫家。雖是初次見面，因宏正兄的介紹，相識即已相知。

席間我告訴他第二天要去嘉義，他說他明天也要去嘉義。原來蕭萬長是他的朋友，蕭萬長參選嘉義市立法委員，邀他當「參謀」，參與民調等專業性較強的工作。

我問嘉義的狀況如何？

戴一義說，嘉義是「民主聖地」，選舉一向是黨外民主力量佔優勢。在那裡執政的不是國民黨，是「許家班」。許家指許世賢，她是台灣戒嚴時代反對國民黨專制獨裁的黨外民主改革派重要代表。她去世後，兩個女兒張博雅、張文英在嘉義市輪流執政。但這一次立法委員選舉，許家班並未推出候選人，所以是蕭萬長與民進黨蔡同榮的對決，現在的形勢是五五波，誰勝誰負，尚難預測。

11月29日上午，莊碩漢和我到了民主聖地嘉義，戴一

義帶我們見了蕭萬長。我看蕭萬長沒有國民黨官僚那股黨氣，一臉忠厚、謙和的笑容，後來知道他的別名就叫「微笑老蕭」。談到選情，戴一義的民調數據還是勝負難分。莊碩漢這次陪我來，似乎還帶著總統府的調查任務。他說蕭萬長是李登輝總統點名參選嘉義市立法委員，所以「層峰」很關注這裡的選情，他當晚還要寫報告回去。

那天莊碩漢自做他的調查研究，我就隨便走走看看談談，感到嘉義人很容易接近，談話坦率。對像我這樣的外來陌生人，又不懂「台語」，似乎毫不戒備，都主動用「國語」同我交談。

我問一位旅舍職工：「你們這裡是民主聖地，一向是黨外民主人士主政，這次會選一個國民黨員做立法委員嗎？」

這位職工回答：「我們是討厭國民黨，不過，」他停頓一下後說，「蕭萬長可是我們嘉義的子弟哦！我看他不像那些國民黨官僚。」

我又遇到一位在菜市買菜的中年婦女，談到選舉居然興緻勃勃，有另類見解。她說：「我們雖是民主勝地、黨外執政。但中央政府不給資源，市政建設差。嘉義人愛棒球，可是連個像樣的棒球場都沒有。蕭萬長選舉政見就有修建棒球場，我看他在中央人脈廣，有希望實現。」

諸如此類的議論，都很有趣，表明民主聖地進入民主時代，已經萌發出一種擺脫歷史悲情，向上提升生活環境的新的追求。

　　夜晚是選戰高潮，碩漢和我去觀察雙方的民眾集會。先到蕭萬長的「棒球場」，民眾似乎不大踴躍。蕭萬長在那裡講政見，大家只是安靜地聽。偶而喊幾聲助陣，也不甚響亮。

　　一到蔡同榮的陣地就不同了，人山人海，旗幟飄揚，歌聲震天。我看碩漢的臉色都變了。蔡同榮的競選演說，還是他一貫的「公投」等主張。然而聽眾反應熱烈，「凍蒜」喊聲不絕。

　　回到旅舍，碩漢說，看來老蕭危險了，他要給總統寫報告搶救。我說未必如此，恐怕投蔡同榮票的今晚都出來了，而準備投蕭萬長的在家裡和職場裡吧？你看蔡同榮的場面，訴求的只是歷史悲情，是那個過去時代的輓歌。然而民主台灣的選民更需要面對的是今天和未來啊！

　　我不知道碩漢的報告寫了什麼？12月2日投票的結果，蕭萬長當選嘉義市立法委員。

　　11月30日上午，碩漢和我準備回台北了，忽然接到中視李惠惠的電話，邀我上當晚的談話節目。另外，與焦仁和約好當晚在晶華餐敘，改成與蘇起在希爾頓餐敘，焦仁和的推到12月1日。原來蘇起現在代表行政院陸委會(官方)，焦仁和只是我的民間朋友。焦仁和當時任海基會副董事長兼秘書長，屬於政府「白手套」的「民間團體」。

　　蘇起宴請，是商討我到台灣作較長期教學研究的安排。我當時想，在美國雖已6、7年，做的還是中國研究，待過幾個大學，並未進入美國社會，而且美國大學為同中

國當局妥協，棄中國流亡學者之勢日益明顯。我這幾年對台灣也有一定了解，轉換環境來此待幾年未始不是一個新的選擇。

蘇起提出兩種選擇，一是研究機構，政大國際關係研究中心；另一選擇是淡江大學。我希望到台灣後能多接觸社會和青年學子，所以選擇了淡江大學。

晚間去中視上談話節目之事，卻給了我一個不良印象。我在中視現場遇到大聲兄，原來也是請他來上談話節目的，說是臨時改了談話主題，不上了。改了什麼主題呢？就是改為談包括嘉義市的立法委員選舉，所以才要我從嘉義趕到這裡。

我覺得這種做法很不正常。事後調查研究了一番，才知道是蘇志誠要李惠惠這樣做的。可見國民黨政府干涉媒體的惡習，在台灣的民主化進程中仍未改掉。

12月5日，蘇志誠在馥園設晚宴，代表總統府表示歡迎我到台灣來。作陪的有曾永賢、張榮豐、林碧炤、蘇起等。12月7日，離台返美，《聯合報》友人王震邦、歐陽元美送至桃園機場。

還美後的週末，12月9日，我到余英時教授家拜訪，報告台灣之行和邀請我去教學研究的事。余先生為我考慮，一方面認為我去台灣較長時間、多接觸台灣的學界，對於我有益。另一方面，他要我考慮，若瑛留在美國，兩地安家，來往的交通等，耗費會增加；據余先生了解，台灣教授的薪水比美國、香港低很多，這一點要我注意。

　　回家與若瑛也討論及此。當時想得很簡單，既然台灣方面主動邀請，也有誠意，去了看看再說吧。然而心中不免有點悵然，松谷湖畔這個可愛的家，剛剛安頓下來，難道又要告別了嗎?雖然寒暑假總能回家，但若瑛和我，在一年大部分時間裡，又要分隔於大洋兩邊了。

19 自由之晨

　　1996年1月15日，接到台灣「財訊」雜誌社來函，邀請我參加將於3月初舉行的「兩岸大和解」座談會。座談主題和與會人士如下：

「兩岸大和解」座談會

時間：*1996年3月2日13：30-17：30*

與會人士：邱永漢、蘇紹智、阮銘、陸鏗、趙耀東、
　　　　　　王作榮、李怡

地點：國際會議中心

座談主題：
(1) 鄧後中國政經發展趨勢以及對台政策的演變
(2) 總統選後的中共對台政策
(3) 未來兩岸關係發展的障礙與癥結
(4) 兩岸關係與台灣經濟發展前途
(5) 總統選後，台灣處理兩岸關係的可能趨向

(6) 從九七香港回歸，看兩岸關係未來可能的發展模式

　　洋洋灑灑6個主題，中心是一個「和」字。我想，李登輝訪美引發的台、美、中「三國演義」，正玩得不亦樂乎。中國對台，剛玩完一輪「文功武嚇」，現在台灣又面臨歷史上頭一回總統全民直選，中國豈能輕鬆放過？此刻侈談「兩岸大和解」，台灣人也未免太痴心了吧？事實上自1995年6月李登輝訪美歸來，中國對台動作沒有斷過：

　　6月16日，中國海協會宣佈推遲原訂7月20日舉行的兩岸第二次「辜汪會談」。

　　6月30日，江澤民公開發表談話。他說：「最近美國政府允許李登輝到美國進行私人訪問，明目張膽地製造兩個中國、一中一台，嚴重損害中國主權，也損害中美關係的基礎，美國政府最終要為其錯誤決定付出代價。」

　　緊接著，7月間，中國在距離台灣150公里的東海海域試射M族飛彈。8月中旬又在東海海域進行導彈和火砲實彈射擊演習。11月又有東山島突擊登陸演習。

　　武嚇的同時還有文攻。7月下旬起，中國《人民日報》和《新華社》連續發表8篇評論。前四評是「評李登輝在康乃爾大學的演講」，後四評是「評李登輝的台獨言行」。

　　飛彈、紙彈一齊來，賭的就是逼李登輝放棄參選總統。台灣內部的呼應者，如國民黨內的「新同盟會」派

系，發動了「我是中國人」大遊行，高呼口號「李登輝下台，共產黨不來」。

我倒是很想見識一下，在中國劍拔弩張之下，台灣究竟如何實現「兩岸大和解」？於是就去申請訪台入境證。我雖在美國多年，但未入籍歸化美國，台灣政府仍視我為「匪區」人士，入境手續極為煩瑣。據說有「三堂會審」(陸委會、國安局、內政部入出境管理局)，《財訊》邀請歸新聞局管轄，還需先經新聞局審批，那就是「四堂」了。

眼看開會日期逼近，台灣的入境證卻遲遲不發。到了最後關頭，我只得找焦仁和求援。焦仁和經查證，原來入境證申請還壓在新聞局，因為局長出國了。新聞局長胡志強是焦仁和的好朋友，恰巧當晚回國，於是焦仁和到桃園機場接機，請胡志強一到新聞局立即辦此事，我才得以及時趕到出席座談會。

一到台灣，發現《財訊》送來的新議程上主題變了。「兩岸大和解」座談會改為「台海風險大研判」座談會。「兩岸大和解」一變而為「台海風險大」。我想仍是錯誤判斷，和解雖不能，風險未必大。《財訊》是從過度樂觀的一端，跳到過度悲觀的另一端了，所以打算在座談會上唱一點反調。

開會那天(3月2日)，國際會議中心二樓座無虛席，會場隱含一種緊張空氣。輪到我講時，我就從座談會主題的演變開講。我說：

　　──「大和解」和「風險大」，都不會有。只要台灣不屈服於中國的文攻武嚇，在自由民主之路上繼續前進，不會有大和解，也不會有大風險。這次台海局勢有點緊張，是因美國核准李登輝訪問母校康乃爾大學而起。中國的戲，是演給美國人看的。

　　──美國開始有點緊張，把劉華秋請到華盛頓。劉華秋告訴美國，是演習，不是戰爭。美國問，會不會擦槍走火？劉華秋說，不會，中國的飛彈很準。美國也告訴中國，「你們有行動，我們會有回應」。那就是兩個航母戰鬥群開向台灣海峽。

　　我接著說，台海風險沒有多大，台海戰爭打不起來。我說打不起來，是百分之百打不起來，一定不會有台海戰爭！而不是「99％打不起來」，還有1％可能打，那算什麼評估？昨天股票不是跌到四千多點了嗎？大選後一定漲回來！

　　我的講話倒是博得不少掌聲，但講完立刻有人反駁。一位錢達先生說，他剛從美國來，他遇到的人70％以上都說會打！

　　我說：實踐是檢驗真理的標準，即使99％都說會打，只有我一個說不會打，究竟誰對？過了選舉日大家就知道了。

　　由於我講得斬釘截鐵，信心十足 ；後來蘇紹智、陸

鏗也都說不會打，會場氣氛大為緩和。然而中國的文攻武嚇還在繼續升級，鄧小平、江澤民確是在玩「戰爭邊緣」遊戲。

3月5日，中國宣佈將於3月8日至15日，在台灣南北兩端海面進行飛彈試射。其北方演習區距台灣北部三貂角35公里，南方演習區距高雄市51公里。

3月12日，中國又宣佈，即日起在金門和澎湖西南附近海域，舉行第二波海空實彈射擊演習，國際航道被迫南移。就在這一天，若瑛和我，偕同大聲(陸鏗)和Helen(崔蓉芝)，到金門看選舉。

在金門「八二三」炮戰紀念館山洞前，我巧遇一位英國朋友。他對我說，他特地從倫敦來，觀察「台灣海峽之戰」。

我說：「恐怕你看不到。我是從美國來觀察台灣選舉的，這次選舉的意義大大超過一場戰爭。而你想像的戰爭，根本不會發生。你不如同我一道看選舉吧！」

這位英國廣播公司(BBC)朋友用疑惑的眼光盯著我說：「可是在倫敦，人們以為要打仗了，比1958年金門炮戰那時還緊張。」

那天在金門，可以隱約聽到來自福建東山島方向的炮聲。但縣城一片平靜，商家照常營業。我們看到蔣彥士(當時任職總統府秘書長)帶領一群人，在街頭挨家挨戶為總統選舉拜票。我不禁問我的朋友：「這裡是不是比倫敦還寧靜？」

　　中國玩的「戰爭邊緣」遊戲，未能嚇停台灣的首次總統大選，也未能阻止它聲稱要「掃進歷史垃圾堆」的李登輝當選台灣首屆民選總統。3月23日晚宣佈開票結果時，人們歡慶「選票對飛彈」的勝利。

　　1996年的勝利，標誌「國民黨外來政權」統治台灣人民的舊時代已經終結，台灣進入主權在民的自由國家新時代。

　　台灣民主轉型的實現，本來應當成爲擺脫中國吞併陰影，在自由之路上繼續邁進的里程碑。總統當選人李登輝在競選過程中也向台灣人民作過承諾。他說：

　　「選後將推進司法、行政、教育、財政、憲政五大改革。台灣的政治生態需要調整，要不分黨派、族群，延攬各方人才參與政府決策工作。」

　　李登輝還提出要改革百年歷史的國民黨。他說：「國民黨百年老店要清倉不賣古董，要老店新開。」他也曾指出：「人民要求民主，要求改革進步的呼聲，日甚一日。而舊結構、舊生態的羈絆，又盤根錯節，舉步維艱。」這「舊結構、舊生態」，指的就是國民黨。

　　在離台返美前，曾永賢告訴我：第一，調整政治生態，台灣可能要走政黨重組之路。

　　因爲國民黨的舊結構、舊生態積重難返，要整體轉型爲民主政黨，可能辦不到；國民黨內反改革派已與中國相呼應，抵制黨的改革，誰改革就是「台獨」、「獨台」。政黨重組，可能是國民黨的改革派聯合社會改革力量，重

組代表全體自由台灣人共同價值的新型民主政黨。

第二，延攬各方人才參與政府決策，第一步就是請李遠哲出任行政院長。

我聽了深感欣慰。我想曾永賢講的，應該也是李登輝要做的吧？實現了這兩條，台灣的民主得以鞏固，台灣人民也就能在自由和平之路上走向光明的未來。

然而回到美國之後，遙望台灣，這兩條均未實現。李登輝在國民黨反改革派壓力下退卻了，台灣的民主，開始走向危險的倒退之路。

1996年總統大選以前，國民黨內反改革勢力主要來自「非主流派」。李登輝敢於聯合體制外反對陣營和社會運動的強大改革力量，克服國民黨內舊結構、舊生態的挑戰。

總統大選之後，原來的「非主流派」不再構成重大威脅。國民黨內產生了新的政治分化，原來「主流派」內的既得利益派別認為，應該讓他們坐享選舉的「勝利果實」，拒絕進一步改革，拒絕「不分黨派、族群」延攬人才參與政府決策，矛頭對準了李遠哲。

這場新的改革與反改革之戰，首先在立法院開打。施台生等幾名黑金立委，抱著連戰的兩條大腿，把他高高舉起，連戰做出「V」形手勢宣示勝利。我在美國《世界日報》看到這張噁心照片，感到真是丟盡了台灣立法院的臉！

這幾名國民黨黑金立委在立法院質問李登輝：「難

道國民黨立法委員辛辛苦苦打下來的天下，你要讓給別人？」「何必讓諾貝爾獎科學家身陷政治泥潭？」

那時還是李登輝親信的台灣省長宋楚瑜，也以巧言相阻，他說：「李遠哲確是台灣不可多得的科技人才，但是你如果將他擺在其他位置，是否形成浪費？更重要的是日後總統與行政院長的搭配與調適，配合不夠易生政治風波。」

宋楚瑜這最後一句話，觸動了李登輝的心機。宋是指，一旦李遠哲與李登輝意見相左，李遠哲又有很高的威望和很大的影響力，可能有損李登輝的個人權威。據說李登輝就因宋楚瑜的這句話放棄了李遠哲。

李登輝面對國民黨「非主流派」挑戰時的決斷和勇氣，在遇到國民黨「主流派」要挾時已不復見。他照搬戒嚴時期蔣介石對陳誠的批文「著毋庸議」，讓連戰以副總統兼任行政院長，違背了自己的競選諾言。從此一路退卻而不可收，讓他的國民黨沉淪於黑金與反改革的泥潭不能自拔。

李登輝的悲劇，產生於他對台灣人民前途命運的使命感與他不願卸下國民黨舊包袱的利害衝突，舊包袱壓倒了使命感。他的最後四年 ，同前八年比較，可以看出強烈的反差。前八年的改革，每一步都必須聯合黨外反對陣營和社會運動的力量，否則一步也跨不出去。因為在國民黨內，反改革勢力遠遠超過改革力量。李登輝在「寧靜革命」中的角色，主要是做全民總統，而不是做國民黨主

席。

1996年以後，他倒認眞扮演起國民黨主席來了。他漸漸離開過去支持他、同他一起推動「寧靜革命」的民眾與朋友，先是聽不進、後來就聽不到人民的聲音了。他曾頗為自得地宣稱，他已把國民黨中生代的位置安排妥貼，而且個個滿意；卻未意識到他已被那群毫無改革理念，熱衷於爭奪權位的國民黨中生代重重包圍，被拖進這群中生代間無休止的泥潭大戰。

我在美國看到這種情形，雖意識到恐難挽回，還是寫了〈李登輝的主要挑戰在哪裡？〉、〈試看李登輝如何突圍？〉等幾篇文章，顯然他已看不進去。文章寫道：

——兩岸關係不是對李登輝的主要挑戰，外交突破也不是對李登輝的主要挑戰，李登輝的挑戰在國民黨內。

——總統直選不是台灣民主進程的結束，應是台灣革新政治的新起點。李登輝領導的國民黨，究竟是丟掉舊包袱，整裝再出發，聯合一切改革力量開創新局；還是違背民意，向舊勢力妥協，坐地分贓，毀滅自己？這就是李登輝面臨的新挑戰。

——中國「戰爭邊緣」訛詐到達高潮的那一天，余英時寫了一篇短文，結尾用了毛澤東兩句詞：「敵軍

圍困萬千重，我自巋然不動！」台灣人民正是以這一姿態贏得選舉勝利。現在圍困台灣選後改革再出發的，已不是「敵軍」，而是以「打天下」自居，要坐地分贓的「我軍」了。

——李登輝能否突破內部重圍，繼續遵循民之所欲，實踐競選諾言，推進五大改革(司法、行政、教育、財政、憲政)，凝聚人才，調整政治生態，使台灣的政治、經濟、文化都前進到新的境界？關注台灣前途命運的人都迫切期待著。在「敵軍」圍困中巋然不動易，在「自己人」圍困中巋然不動難。

——李登輝的改革，李登輝的當選總統，與其說是靠國民黨那群「老子」們打的「天下」，毋寧說靠的是「主權在民」的信念，靠的是包括民進黨在內的自由民主力量的共同努力，靠的是台灣人民爭取自由、尊嚴與發展的堅強決心。

——通過這次大選，可以看出李登輝的民意基礎與國民黨舊結構、舊生態之間的背離。國民黨舊結構、舊生態日益喪失自身的民意基礎，卻又寄生在李登輝的民意基礎之上侵蝕這基礎。如果國民黨還要維護舊結構、舊生態不變，它的「天下」將越來越窄。

然而李登輝沒有試圖突圍。

民進黨方面也有相似的變化。過去面對國民黨「非主流派」挑戰時，民進黨與李登輝的互動不復存在。民進黨內部模糊了前進的方向，陷入茫無目標的「轉型」之爭。

民進黨及其前驅——黨外自由民主力量，開闢了台灣自由民主之路，在台灣民主轉型中居功厥偉。問題在於台灣從國會全面改選到總統直選，「終結外來政權統治」的階段性目標達到之後，民進黨的下一步該往哪裡走？

民進黨內一部分被稱爲「基本教義派」的力量，不滿於民進黨內部分領袖喪失前進的理想目標，脫離民進黨另行組織「建國黨」。他們耽於理想而對現實的變化缺乏認知和應對能力，不能吸引多數民進黨員和民眾的認同。

他們沒有認識到1986年至1996年這十年間發生的歷史巨變，台灣已終結外來政權統治成爲主權獨立的現代民主國家，仍把政治訴求停留在公投改變國號之類的形式方面，同現實與民眾的需求脫節。

民進黨內的「危機社會派」則提出所謂「轉型」主張，但「轉型」的目標與方法都不清楚。他們也把注意力放在形式方面，如「辣妹競選團」、「金達尼號」之類造勢活動。

總統直選後擔任民進黨主席的許信良提出一系列「新政治」主張，認爲台灣是所謂「危機社會」，民進黨不可能單獨執政；在國際上必須服從美國主導的「世界新秩序」，接受中國與美國親中政客、學者透過「第二軌道」

(Second Track)所策劃的以「台灣不獨」換取「中國不武」的「中程協議」(Interim Agreement)等等。

　　這樣做實際上已自我否定台灣是主權獨立的自由民主國家，使台灣處於隨美國與中國指揮棒起舞的附庸地位。許信良的「新政治」，使他終於告別民進黨，與宣揚「一個中國，兩種制度」的李敖們合流，遠離民主台灣的主流社會。這是許信良的悲劇。

　　回美後不久，曾永賢來函，原定今年度(1996年)秋季開學去淡江大學的規劃發生變化。他說，本來打算讓莊碩漢到淡大中國大陸研究所擔任所長，我去後便於合作加強研究所的工作；最近淡大校方表示拒絕莊碩漢去淡大，對我的邀請則採取拖延態度，推託手續來不及，可能要拖到下一學期。

　　我曾經說過，在全球第三波民主化浪潮中，台灣的民主制度轉型是最成功的，可以說是在國際孤立和中國威脅的雙重困境中獨立奮鬥創造的奇蹟。她的最重要的經驗，是體制內外自由民主力量的互動配合，一次又一次地克服舊勢力的阻撓和挑戰。

　　1996年之台灣，已經渡過外來政權統治的漫漫長夜，迎來了自由的曙光。然而日出之後，天空似乎並不晴朗。而我自己，也到了人生的又一個十字路口：中國回不去，在美國的路已走到盡頭。到一個新生的自由之國開創新的人生，是我的願望。然而，前面等待著我的，似乎仍是一片迷茫。

　　我記得在費城參觀獨立宮時，在制定憲法的那個房間裡，椅背上的浮雕是半個太陽浮在海上，它引發了制憲者的思索：這是東邊正在升起的早晨的太陽，還是西邊正在落下的夕陽？

　　我將去的那個新生的自由之國，彷彿正處於美國制憲之前的迷茫時代，我到了那裡，能夠尋找到可走的路麼？

20 鄧的帝國

1996年12月，出乎意料地接到美國國會眾議院巴萊特(Bill Barrett)議員的邀請函，請若瑛和我出席「第四十五屆國家祈禱早餐」(The 45th National Prayer Breakfast)。巴萊特眾議員在信上說：「除了美國總統、國會議員、政府官員與外交界出席之外，還有來自一百六十多個國家的朋友，在祈禱早餐中分享友誼與上帝的愛。」

這個開始由幾位國會議員在二次世界大戰期間發起的祈求和平的小型祈禱早餐，已經發展成爲一年一度(每年2月第一個星期四)、擁有世界各國來賓的規模宏大的國際祈禱早餐了。

早餐在華盛頓最大的旅館希爾頓飯店國際大舞廳(International Ballroom) 舉行。舞廳中擺滿300張餐桌，還只夠容納來賓的四分之三，3,000人。其餘1,000人被安置在另外的餐廳，通過閉路電視觀看主廳的節目。

我感到意外的，是自己未曾信仰基督教的上帝而被邀出席祈禱，但我很快發現，來此祈禱的人們宗教信仰不同，心中的上帝也各不相同：有耶和華，有穆罕默德，有釋迦牟尼，有孔夫子，也有並不皈依宗教、僅信仰人類基本價值——自由、平等、博愛的。這些互不相同的上帝，

卻有著彼此相通的世界精神——和平與愛，把4,000顆來
自世界各地的心維繫在一起。

　　圍繞2月6日早晨的祈禱早餐，還有其他一系列交
際活動，如5日的外交午餐(Diplomatic Luncheon)、6日的領
導階層研討會(Leadership Seminars)、7日的國際女士早午餐
(International Ladies Brunch)等。

　　所有這些活動都遵守兩條原則：一是不講政治，雄辯
滔滔的國際政治家們在這裡都得把各自的政見束之高閣；
二是摒絕傳媒，毋需擔心記者或攝像師拉你出來作秀。所
以上至總統，下至庶民，都能在上帝面前掏出內心的真情
實意。

　　柯林頓在祈禱早餐講詞中坦白承認：「華盛頓是被一
群自以為是、假裝虔誠的偽善者包圍的城，一個陷入憤怒
和譏諷的黑洞，我自己也有一份。有時早上起床，想到政
敵和新聞媒體的攻擊，我的心會愈來愈狠，充滿憤怒地打
算報復。所以我請求你們以禱告的力量治療我們和我們的
政敵。」

　　接待我們的主人是美國國務院中國問題學者漢姆琳
(Carol Hamrin)。她說，這個祈禱早餐活動不花國家一個錢，
參加服務的都是義工；她也是一個義工，負責邀請中國客
人，但北京方面拒絕應邀。她認為應邀請我們這些來自中
國的學者代表中國人民。

　　她也談到台灣方面另有人邀請，有一年台灣客人(大概
是國民黨的一位秘書長)自己帶了記者來拍電視片，弄得主人

頗為難。今年蕭萬長來就很得體。

看來，北京在江澤民「講政治」陰霾籠罩之下，一切都同政治掛鉤，把祈禱早餐也視作「西化」、「分化」中國的假想敵了。台灣呢，在世界上被中國孤立久了，一有機會參與國際活動，總想借傳媒作一點秀。

然而祈禱早餐會代表的是另一個心靈的世界。世界的心靈在這裡得到交流和淨化。外交與友誼在心靈的對話中自然成長。

一個以和平與博愛取代暴力與仇恨的新世界，終將在普遍的心靈對話中誕生。

從心靈對話的世界裡回來沒有幾天，1997年2月19日，傳來鄧小平的死訊。那時我正準備去台灣。淡江大學國際關係學院院長兼中國大陸研究所所長楊棨教授寄來了邀請函，2月下旬開學就要講課，我已定好機票，將於2月23日離美赴台。

鄧小平之死，本來不是意料之外的事，他已經92歲了。然而一些報紙刊物紛紛來電約我寫稿。19日當天，就寫了3家：

《壹週刊》：〈鄧小平之後的穩定與不穩定〉
《經濟日報》：〈鄧小平的功與過〉
《中央日報》：〈鄧小平的遺產〉

離美前夕，又寫了〈帝國的葬禮〉（《今週刊》），〈一

個時代的結束〉(《開放雜誌》），〈鄧小平的對半開〉(《爭
鳴雜誌》)等文。

毛澤東去世兩年之後，毛一生的兩件大事之一「文化
大革命」，被「全盤否定」，毛澤東時代的冤假錯案被平
反，對毛澤東的兩個「凡是」被批判。除了他的遺體還靜
靜地躺在天安門前的「毛主席紀念堂」裡，他所建立的那
個毛澤東帝國，悄悄地消失了。

1979年3月30日，鄧小平在「全國理論工作務虛會」
上發表他的主題演說「堅持四項基本原則」，是用他自己
的「凡是」，取代對毛澤東的「凡是」，跨出了締造鄧小
平帝國的第一步。

胡耀邦、趙紫陽兩屆總書記被廢黜，罪名都是不聽鄧
小平的話，違背鄧小平教導的「堅持四項基本原則，反對
資產階級自由化」。

鄧小平接受毛澤東的歷史教訓，在生前對鄧小平帝國
未來的鞏固與發展，作了周密部署。

第一，兩代接班人的指定。

1980年，鄧小平一度接受李維漢建議，在政治局擴大
會議提出：「從肅清封建主義影響角度進行黨和國家政治
制度的改革」；同時接受義大利記者法拉奇專訪，批評毛
澤東「一個領導人，自己選擇自己的接班人，是沿用了一
種封建主義的做法。」

　　究竟他說的是眞心話、後來忘記或者變卦了？還是原來就言不由衷？先不去追究。且看鄧小平自己的做法，比毛澤東更封建、更專制主義。

　　毛澤東廢棄劉少奇、林彪兩個接班人之後，並未明確他打算「交班」給誰？一度選擇過鄧小平，因鄧小平不願繼承「文化大革命」這筆「遺產」而發動「批鄧」。直到最後，毛也未明確「交班」給華國鋒，還說出「和平交不成就動盪中交，搞不好就得血雨腥風了；你們怎麼辦？只有天知道！」那樣對未來毫無把握的話。

　　鄧小平比毛澤東深謀遠慮，他選擇在「血雨腥風」中確立自己的接班人江澤民時，說得斬釘截鐵：

　　「黨的十一屆三中全會建立了一個新的領導集體。這個集體一建立，我就一直在安排接班的問題。雖然兩個接班人(指胡耀邦和趙紫陽)都沒有站住，但在當時，按鬥爭的經驗、按工作的成就、按政治思想水平來說，也只能作出那樣的選擇。」

　　「任何一個領導集體都要有一個核心，沒有核心的領導是靠不住的。第一代領導集體的核心是毛主席。第二代實際上我是核心。因爲有這個核心，即使發生了兩個領導人的變動，都沒有影響我們黨的領導，黨的領導始終是穩定的。」

　　「進入第三代的領導集體也必須有一個核心，這一點所有在座的同志都要以高度的自覺性來理解和處理。要有意識地維護一個核心，也就是現在大家同意的江澤民同

志。開宗明義，就是新的常委會從開始工作的第一天起，就要注意樹立和維護這個集體和這個集體中的核心。這是最關鍵的問題，是我的政治交代。」

這就是鄧小平獨創的「核心」理論。為什麼胡耀邦、趙紫陽「都沒有站住」？因為「第二代實際上我(鄧小平)是核心」。即使胡、趙有「鬥爭經驗」，有「工作成就」，有「政治思想水平」，是全國黨代表大會選出的總書記，黨章上的第一把手，又有人民支持；只要「實際上的核心」不高興，鄧核心隨時可以弄個「生活會」，「八老碰頭會」，一句話廢掉。

江澤民當上「第三代核心」之時，民間流傳一則小故事「毛澤東的一顆核桃」。故事說：

毛澤東臨終前，把政治局委員找來，一一握手告別。葉劍英告別後走到門口，毛示意讓葉回來，握住葉的手不放，嘴唇微動說不出話。葉點頭表示領會，毛才鬆手讓葉離去。

原來毛已暗暗把一顆核桃放到葉的手裡。葉劍英後來說，毛曾同他論及漢朝故事，稱周勃「厚重少文」，「能安劉氏者，勃也」。意思是知識分子靠不住，將來安定天下，還要借助葉這樣的重臣。臨終把這顆核桃交到葉手裡，是託付後事。

毛死後，葉劍英幫助華國鋒除掉了「四人幫」，準備把核桃交給華。鄧小平說：「且慢，再看看。」接著，鄧小平與陳雲聯手廢掉華國鋒。十一屆六中全會選出胡耀邦

當黨主席兼總書記，葉劍英又準備把核桃交給胡耀邦。鄧
小平還是說：「且慢，再看看。」

直到葉去世，核桃未能交出。

天安門屠殺前，鄧小平在北京西山召見從上海趕來的
江澤民。鄧對江說：「趙紫陽不聽話，反對戒嚴，已撤消
其總書記職務，由你接任。」江大驚道：「我不適任，在
黨內我只有小學生水準。」

鄧小平說：「且慢，我先給你看樣東西(拿出核桃)，這
顆核桃，是第一代核心毛澤東傳下來的，他臨終交給葉
帥，托葉傳給第二代核心。葉帥想交給華國鋒、胡耀邦，
我都擋住了。葉帥死後，到我手中，實際上我就第二代核
心了。我沒有把它交給趙紫陽，也沒有交給李鵬，今天
我交給你，你就是第三代核心。你幹也得幹，不幹也得
幹。」

江澤民接過核桃，轉憂為喜。

這是1989年的故事。3年後，鄧小平對未來還是不放
心，怕江澤民到時候不交權，或交到不適當的人手裡。於
是又指定當時49歲的胡錦濤為「第四代」，將來接江澤民
的班。

第二，確立「永不改變」的鄧小平帝國「基本路線」
與「戰略佈局」。

鄧小平廢黜胡耀邦，心中最大的隱憂是怕胡耀邦「樹

立自己的開明形象」，將來改變他的路線與戰略。

　　因此，他選擇趙紫陽取代胡耀邦之後關注的第一件
事，就是在黨的十三大制定未來的「基本路線」和「長遠
戰略」。

　　1987年2月6日，鄧小平把趙紫陽、楊尚昆、萬里、薄
一波叫到家裡，談十三大報告。鄧小平說：「十三大報告
應該是一篇好的著作，要在理論上講清楚我們的改革是不
是社會主義；要申明4個堅持的必要，反對資產階級自由
化的必要，改革開放的必要，在理論上講得更加明白。」

　　3月3日，鄧小平會見美國國務卿舒爾茲(George P. Shultz)
時說：「4個現代化，我們要搞50年至70年。在整個現代
化的過程中，都存在一個反對資產階級自由化的問題。我
們堅定不移的原則，是要有穩定的政治局面，以保證有
秩序地進行4個現代化。國外有些人過去把我看作是改革
派，把別人看作是保守派。我是改革派，不錯；如果要說
堅持四項原則是保守派，我又是保守派。」

　　遵循鄧小平的思路，趙紫陽提出了一份「關於草擬
十三大報告大綱的設想」，於3月21日報給鄧小平。

　　趙紫陽的設想，是以「社會主義初級階段」為立論
根據，把黨的基本路線概括為「一個中心，兩個基本
點」。「一個中心」是「以經濟建設為中心」；「兩個基
本點」，一是「堅持四項基本原則，反對資產階級自由
化」，二是「堅持改革開放」。

　　鄧小平3月25日批示：「這個設計好。」

趙紫陽在十三大的報告就是按這個設計完成的。即使在1989年鄧小平廢黜趙紫陽之後，仍然堅持「十三大政治報告一個字都不能動」。對此，鄧小平曾再三強調：

——黨的十三大概括的「一個中心、兩個基本點」對不對？兩個基本點，即4個堅持和改革開放，是不是錯了？沒有錯。如果說有錯誤的話，就是堅持四項基本原則還不夠一貫。(1989年6月9日)

——十三大確定了「一個中心，兩個基本點」的戰略佈局。我們十年前就是這樣提出的，十三大用這個語言把它概括起來。這個戰略佈局我們一定要堅持下去，永遠不改變。(1989年11月23日)

第三，審定《鄧小平文選》，作為對未來的「政治交代」。

《鄧小平文選》第三卷，選編的是鄧小平1982年9月至1992年2月的言論，也就是鄧小平一生活動中關鍵十年(78歲到88歲)的代表作。1992年2月之後，鄧小平又生活了5年；但他已無言。鄧小平的話，「不管對現在還是對未來」，都已經在第三卷中講完。這本第三卷，已經完成了他的「政治交代」。

鄧小平所說「對未來是政治交代的東西」，可大致概

括如下：

——「一個中心，兩個基本點」、「兩手硬」(堅持四項基本原則，反對資產階級自由化一手要硬，改革開放一手也要硬)的基本路線「100年不變」。

——「搞資產階級自由化就是走資本主義道路」，「在自由化問題上不能讓」。

——「依靠無產階級專政保衛社會主義」，「用專政手段鞏固政權」。

——「政治體制改革的前提是堅持四項基本原則，不能搬用資產階級民主，不能搞三權鼎立那一套」。

——「防止和平演變」，「西方國家在打一場無硝煙的第三次世界大戰，要社會主義國家和平演變」。

——「一個國家，兩種制度」。

——「三代核心」論。

——「警惕右，主要防止左」；「自由化，動亂是右；認為和平演變主要危險來自經濟領域是左」。

這八條，是鄧小平帝國的綱領。鄧小平曾經在會見尼克森等外國人時反覆強調：「不管我在不在，由我主持制定的一系列方針政策絕對不會改變，我相信我的同事們會這樣做。」

鄧小去世已14年。的確如他所言，從江澤民到胡錦濤，鄧小平的路線、政策、方針都沒有變。今天的中國，依然是沒有鄧小平的鄧小平帝國。

現在有人惋惜「鄧胡趙三駕馬車」、「十年改革黃金時期」的消逝，認爲鄧小平聽信左派謊報軍情，把學生的民主要求誤判爲「動亂」，造成六四屠殺的悲劇。

這是低估了鄧小平。讀了《鄧小平文選》第三卷就該明白，鄧小平廢黜胡、趙和鎮壓學運，是他對付全球民主化浪潮「大氣候」(他叫「和平演變」)和國內自由民主浪潮(他叫自由化、動亂)的大戰略。事後不但毫無悔意，而且一再重申他的「判斷是準確的」、「平息暴亂」、「實在是好事情」、「一個很大的勝利」；「你鬧資產階級自由化，用資產階級人權、民主那一套搞動亂，我就堅決制止。」

「鄧胡趙三駕馬車」，不過是鄧小平利用胡、趙，制衡陳雲集團的權宜之計。實際上也不是「三駕」，是鄧、陳、胡、趙共治。

對胡耀邦，鄧小平早已同胡啓立、喬石打了招呼，指摘「胡耀邦在堅持四項基本原則、反對資產階級自由化問題上表現軟弱，作爲黨的總書記是根本性的缺點。」也就是在對胡耀邦政治上失去信任之後，鄧小平仍需要利用胡

耀邦起草十二屆三中全會「關於經濟體制改革的決定」。因爲那時在經濟領域，只有被認爲「不懂經濟」的胡耀邦的新思維，才能制衡被認爲「最懂經濟」的陳雲的舊思維。

對趙紫陽也是一樣。胡耀邦下台前，鄧小平已經同鄧力群議論過「趙紫陽熱衷於移植西方資本主義那一套」。但胡耀邦下台後，鄧小平還需要利用趙紫陽來制衡陳雲、姚依林、鄧力群們把反自由化和反和平演變反進經濟領域。

這就叫作「天坍下來有胡趙頂著」。

六四槍響，大局既定，天坍不下來了。胡、趙的利用價值已經用完，鄧小平就把「天下」交給「第三代核心」江澤民了。

你想，假如鄧小平眞心支持胡耀邦、趙紫陽，怎麼還要用胡喬木、鄧力群去監察胡、趙，聽他們對胡、趙的小報告？而且他明知胡喬木、鄧力群在把他往左邊拉。

鄧小平對江澤民則完全不同。江澤民執政頭三年(1989年至1991年)，放棄改革，同鄧力群一起搞「以反和平演變爲中心」，受到許多人，包括楊尚昆、楊白冰兄弟的抵制。1992年鄧小平舉家南巡，楊尚昆「保駕護航」，結果鄧小平反而撤「楊家將」的職，幫江澤民掃除獨掌軍權的障礙，還委婉地提醒江「同鄧力群保持距離」。

奇怪嗎？從個人能力和領袖素質來說，江澤民根本無法同胡耀邦或趙紫陽相比。怎麼鄧小平從來沒有思考過讓

胡、趙兩人中任何一人當「第三代核心」，而只讓他們當
「實際上第二代核心」的工具呢？

原因很簡單，鄧小平只是在開創改革大業時，才需要
胡耀邦、趙紫陽這樣有新思維的開創型人才。等到天下大
定，鄧小平擔心的正是開創型新領袖的新思維，會改變他
鄧小平帝國的舊路線，特別是他「絕不能讓」的政治思想
領域。他需要的正是另一個「華國鋒」，遵循他鄧小平的
「凡是」永遠不變。但鑒於毛澤東的歷史教訓，他必須替
這另一個「華國鋒」除掉周圍可能存在的另一個「鄧小
平」。而那就是鄧小平為何必須同他的戰友楊尚昆分手的
原因。

「看得準，動作快，下手狠」，這是鄧小平勝過毛澤
東的地方，也是鄧小平帝國得以延續至今的秘密。

我告別那個遙遠的帝國到美國飄零，已有9年。如今
我將繼續飄零，卻是到鄰近那龐大帝國的一個自由小國，
在一條陌生的路上繼續尋找。

「路漫漫其修遠兮，我將上下而求索。」

《飄泊：尋找自由（美國篇）》完

2011年8月30日

附錄：
中國改革困境與「新權威主義」

　　前言：這是我為3月6日在哈佛大學費正清中心講演準備的題綱，現應《中國時報》之邀予以發表。一個半月來，中國情勢發生了重大變化。尤其是胡耀邦逝世後激起的全國民主潮流，是人民對「新權威主義」的最好回答。我希望中國領導人記取教訓，順應當代世界自由民主潮流，與人民一道把中國的現代化、民主化事業推向前進。

　　一種政治理論或主張的產生，有不同的情形。有的是經驗的或實證的概括，有的是價值觀或理想的追求，有的則是為一時政治需要而創造或引進。中國近來興起的「新權威主義」思潮，是1986年、1988年改革兩度進入困境的產物。

城鄉政經之間矛盾紛出

　　中國十年改革始終存在兩種矛盾：一是農村市場力量增長與城市官僚體制膨脹的矛盾，二是經濟多元結構與政治高度集權的矛盾。這是改革兩度進入困境的根源。1986年的困境，是由於中共十二屆三中全會通過經濟改革決

議、開放沿海城市以後，改革在城市推開使上述矛盾激化；迫使鄧小平重新提出政治改革，重新發表他1980年政治局擴大會議上的講話「黨和國家領導制度的改革」。然而政治改革遭到上層強大反抗，從北戴河政治局討論到北京六中全會通過〈精神文明決議〉，形勢急轉直下。鄧小平第二次收回政治改革主張(1980年已收回一次)，提出反自由化20年(後來增至70年)。於是激起學生民主運動，導致胡耀邦辭職與方勵之、劉賓雁、王若望被開除出黨。

「新權威主義」就在那時應運而生，它是對政治民主化與學生運動的否定，以胡耀邦下台與趙紫陽崛起爲標誌。

1988年闖物價關流產幾乎是1986年政治改革流產的翻版。鄧小平提出「過五關，斬六將，可能有失誤，也決不後退」。矛盾再度激化，夏秋之間從北戴河到北京一退再退，終於收回物價改革。這回激起的不是學潮而是城市搶購擠兌風潮。

新權威主義爲集權張本

1988年秋正式登台的「新權威主義」，是趙紫陽在保守、民主雙向壓力下，對政治、經濟危機的直接反應。

「新權威主義」的特色是它的雙向目標。

第一個目標是對付領導集團內部的權力分割。吳稼祥在〈新權威主義述評〉中所謂「百日維新失敗90週年紀念

會上戴晴女士駭俗之說」，就是主張「乾綱獨斷，不能有兩個權力中心」，反對「慈禧干政」。最近(2月22日)吳國光在《基督教科學箴言報》提出「必須儘快指定一個接班人，接掌鄧小平的政治及經濟權力，防止一場可能引發災難的接班危機。」這是中共領導集團內部的集權趨向，從鄧胡趙體制到鄧趙體制再到一個領袖制。

　　另一個目標是對付民眾。「新權威主義」強調「下一步改革阻力是民眾」，提出「全民犧牲意識」。吳稼祥對《廣角鏡》記者說：「全民特別是工人，要爲新權威主義體制的建立做出必要犧牲，要有忍受暫時失血和加大勞動強度痛苦的精神準備，還要有忍受觀念轉換痛苦的準備，如放棄平等換取效益。」「新權威主義」還要對付所謂「相信民主烏托邦」的知識分子。因爲只有封住知識分子的嘴巴、才能封住民眾嘴巴。這樣就把廣大民眾與知識分子從參與改革的主體地位降爲受壓抑的被動地位，要他們閉起嘴巴，勒緊褲帶，等偉大領袖和精英們的「改革」成功，再賜給麵包自由。這是「新權威主義」雙向目標的天生弱點，自行削弱了自身的社會基礎。

　　「新權威主義」的基本內容是趙紫陽的「兩個基本點」：政治上反自由化，經濟上改革開放。這就是趙取胡耀邦代之的兩元綱領。在這個意義上，新權威主義就是趙紫陽主義。趙紫陽批評胡耀邦時說過，兩個基本點是十一屆三中全會路線，這不符合歷史事實。十一屆三中全會只有一個基本點，反對兩個「凡是」，肯定實踐標準，提出

思想、理論、政治、經濟、組織全面改革的方向；即意識
形態反教條主義，推動政治民主化、經濟自由化、組織制
度上肅清封建主義與史達林主義影響。十一屆三中全會路
線沒有反自由化的「基本點」。

趙紫陽改革的理論基礎

　　兩個基本點是一柄雙刃劍，趙紫陽用它的一面對付胡
耀邦，用它的另一面對付鄧力群。然而這雙刃劍並不好把
握，每次反自由化都阻滯了改革開放進程。民主化與市場
化，是堆進改革的兩個輪子；現在把民主化這個輪子卸下
來，換上反自由化的倒輪，這車子自然陷入進退兩難的困
境。

　　「新權威主義」的產生，就是爲兩個基本點創造理論
根據。現在還沒有看到他們系統的論著。吳稼祥有一本
《鄧小平的理論與實踐》，只是事先的舖墊。接著的〈新
權威主義述評〉才是正題，但尚未展開。引述的西方理
論，也只提到亨廷頓(Samuel Huntington)一個名字，似乎經不
起推敲。

　　亨廷頓認爲現代化需要一定的秩序，而這種秩序需要
有一定權威的政治結構來保障。他的名言是「人們當然可
以有秩序而沒有自由，但不可能沒有秩序而有自由」。所
以他認爲權威在需要被限制之前必須先存在。他系統地研
究過拉美等許多發展中國家的歷史，發現那裡缺少保障秩

序的穩定政治結構；一營士兵，兩輛坦克，半打上校就可以推翻政府。有意思的是，亨廷頓似乎在二十多年前就想到他的理論可能被中國「新權威主義」者利用，接著說：「共產主義政府雖然在各方面不見得比自由政府更有辦法，但是他們能作到的一點是提供有效的權威。他們的政黨組織提供了制度化的政治結構來動員支持和執行政策。沒有任何一個共產黨國家在現代化進程中被一次軍事政變推翻過。」

偏重領袖權威蔑視民意

　　「新權威主義」者更多引用的是「世界近代、現代史上相應的例證」。從英國光榮革命，二次大戰後東亞諸國，以至今天蘇聯的戈巴契夫政策，似乎「新權威主義」對西方東方資本主義或社會主義都是放之四海而皆準的現代化道路了。這些不同國家的政體特點各有自身的歷史條件，這裡不能詳論。但亨廷頓指出的一點是對的，中國共產黨政府在提供有效權威上絕對不差。即以最近冰心等33人寫信給人大常委會呼籲民主人權被斥，和方勵之應邀赴布希總統宴會被阻這兩件事看，權威的控制是絕對有效的。十億人口960萬平方公里土地上，除了司法部負責人的斥責聲外，被斥責者的聲音被絕對封鎖，一切大小車輛都服從權威指揮阻撓方勵之赴宴。權威若要再加強再集中，就是重新呼喚出一個「偉大領袖」了。這種呼喚在毛

死後消失了13年，今年1月又在中國出現：「新權威主義強調的不是政體而是領袖。偉大領袖人物的產生方式是多種多樣的，有選舉的，也有繼承的，有任命的，也有政變上台的。」（吳稼祥〈新權威主義述評〉）這就是「新權威主義」的靈魂。

「新權威主義」在戈巴契夫那裡是找不到例證的，戈巴契夫改革的綱領是公開性與民主化。他訴諸輿論、訴諸人民，依靠知識分子的強有力支持，一步一步地克服反改革力量的阻撓。而中國「新權威主義」的特色是蔑視人民，除了擁護「新權威主義」的精英以外，民主派知識分子一概被視爲改革阻力。「新權威主義」保障下的「經濟自由」，僅是少數精英進行「自由的資本積累」，而賜給工人的是「失業和加大勞動強度」的自由。他們設計的那套「犧牲平等換取效益」的社會經濟政策，禁止言論自由的文化政策，「先污染後治理」的環境政策等等，不會給中國帶來他們許諾的光明。

關心中國命運的人士喜歡議論「鄧小平之後」。而「新權威主義」者的言論似乎提供了一個線索：回到一個偉大領袖的絕對權威。不過，吳國光最近接受《基督教科學箴言報》的訪問時，又不免悲戚地說：「集體領導在中國已經是根深柢固。無論是黨員或一般民眾，在憶及過去的專制體制時，都會強力抵制強人的再度出現。」

其實中國的集體領導傳統倒未必像吳國光擔心的那麼深遠。中國共產黨在共產國際領導下引進史達林主義以

來，大樹特樹一個領袖絕對權威的傳統遠比集體領導傳統
深遠得多。倒是對過去專制統治的恐懼，確是「新權威主
義」者的一個難題。最近中國一面禁止一般知識分子和民
眾批評文革，一面發表文革「英雄」王力的長篇談話，不
是已經引起輿論界的驚懼了嗎？

中國亟需民主改革

看中國前途無非三種可能：

第一是走民主化、自由化之路，政治改革與經濟改革
並駕齊驅。中國今天需要的是建立在自由民主人權法治基
礎上的現代民主憲政權威，依靠現代民主憲政走出當前困
境。選擇這一條路，中國改革成功的歷史機會仍然存在。

第二是走「新權威主義」之路。從「新權威主義」登
台的第一個行動就向人權與民主開刀，「精英」們的智力
並不高。靠這樣的「鐵腕」能否把十億人聲音永遠壓制下
去是個疑問。「精英」之外能有多少人擁戴這樣的「乾綱
獨斷」？

第三是像鄧力群、王力這樣的力量重掌權力，回到舊
時代。從最近對王力這個試探氣球的反應看，實現機會甚
微。

看來，歷史也許會給「新權威主義」一個機會。只有
當人們了解它的弱點以後，中國的發展方向才會回到民主
化、市場化的道路上。而做到這一點，需要謝冰心、方勵

之們所代表的民主改革力量共同努力。

（本文作者阮銘係前中共中央黨校理論研究室副主任，現爲哥
倫比亞大學魯斯訪問學者）

原載台灣《中國時報》1989年4月22日

附錄：帝國制度滅亡以後

在「走向民主的東歐與中國國際論壇」的演說辭

1990年4月18日・柏林

　　東歐的變化，標誌人類前進到了一個歷史的轉折點：暴力的失效與帝國專制制度的末日。

　　帝國制度的基礎是暴力。暴力的失效，導致帝國制度基礎的崩潰。這是20世紀80年代發生的意義重大的歷史事變。

　　歷史上帝國制度賴以生存的條件，就是獨裁者可以倚仗暴力，實現對土地、資源、市場、勞動力的掠奪、支配和奴役，使之變成自己的財富和權力。

　　但這個法則今天已經失效。由於人類智慧和科學技術的進步，土地、礦產、能源等自然物質資源的佔有和廉價勞動力的驅使，不再是國力強大和財富增長的主要源泉，這些因素在國際競爭中越來越不起主導作用。而人的智慧和創造力的發展，越來越成為在財富增長和國力競爭中起決定作用的因素。

　　這就是說，實現一個國家生存於現代世界的天賦權利，不需要靠暴力去掠奪外部空間，只需要向人自身開發

天賦的智慧與創造力，在智慧與創造力的競爭中去爭取優勢。

用暴力對付人民——無論對本國的或異國的——只能像對囚犯和奴隸那樣，榨取人的體力。而對人的智慧和創造力的充分開發，必須實現人的自由。當代世界暴力機器的膨脹，已成爲對社會財富、自然資源、人類智慧的無意義的浪費，是一種非理性的反生產力。

美蘇兩國軍隊不得不從越南和阿富汗撤退，不能僅僅解釋爲超級大國擺脫暫時困難的戰略轉變，而是那個靠戰爭和暴力實現擴張目標的帝國時代終結的歷史標誌。這方面美國先行一步，使美國在全球戰略中處於主動地位。勃列日涅夫誤以爲美國示弱，1979年出兵阿富汗。這個錯誤抉擇正是蘇聯－東歐帝國走向崩潰的開端。

人類正在跨進一個新的歷史時代：一個暴力既不能有效處理對外關係，也不能有效處理內政的時代。蘇紹智先生把羅馬尼亞事變歸結爲暴力革命型是不準確的。羅馬尼亞人民進行的是和平示威。齊奧塞斯庫照搬鄧小平的辦法，1989年12月16日用暴力鎮壓了Timi soara人民的和平示威，但沒有解決問題，激起了12月22日布加勒斯特更大規模的示威。當暴君使用暴力進行更大規模鎮壓時，暴力失效了，軍隊拒絕向徒手的人民開槍。帝國及其暴君滅亡於自己失效的暴力機器，這才是羅馬尼亞事變的眞正教訓。

帝國專制制度的結束與向自由民主制度的和平過渡，

這是現代文明社會發展的唯一方向。這種過渡在資本主義世界比在社會主義世界進行得早些。從二次大戰後的西德、日本，到不久前的菲律賓、南韓、台灣，都已經或者開始這種過渡。這就是資本主義世界在今天的國際政治、經濟、科技、文化競爭中比社會主義世界更為主動的歷史根源。

應當承認，現代資本主義制度的確有許多值得改革中的社會主義國家取法的長處，包括它經歷長期歷史發展的現代民主政治制度和現代市場經濟制度。但它同樣面臨新的歷史挑戰，同樣需要進一步改革和完善自已。

為了使整個人類社會和平地實現自由、民主、進步與繁榮，東方與西方應當超越陳舊的制度和意識形態界限，在走向未來的道路上共同解決後帝國時代世界面臨的重大課題。

第一，政治方面。向自由民主制度的過渡，應當採取和平、理性、非暴力的法律程序，結束一人或一黨專政的極權統治，實現還政於民。不能鼓勵麥卡錫式的反共主義或崇拜暴力的新法西斯主義等新專制力量取代舊專制力量，也不能讓主張「開明專制」和「精英政治」的新權威主義力量壟斷政治權力。對於舊專制政權中犯有屠殺人民、侵吞社會財富等嚴重罪行的罪犯，應以法律程序進行審判。對政治異己力量不得採取法律以外的迫害、清洗、解僱等報復手段。

第二，經濟方面。向自由市場的過渡應當從原有經濟

基礎出發，實現個人所有與社會所有的統一。個人資本聯合起來的社會資本，就是個人所有與社會共有的統一。史達林式的「國有制」，不是社會所有制，而是國家官僚壟斷制或國家奴隸制。必須結束這部分腐朽的經濟壟斷權力，歸還給社會，使之向社會資本轉化。

　　第三，文化方面。結束意識形態的獨斷統治，實現思想文化的自由化。用法律形式保障言論、出版、新聞、學術、文藝等一切文化領域的自由。不得以思想言論治罪。一切摧殘人類思想文化花朵的政治運動或政治暴力，無論是毛澤東－鄧小平式的「反對資產階級自由化」，或希特勒－麥卡錫式的反共主義，在自由民主社會都是非法的。

　　第四，軍事方面。暴力的失效使軍隊與軍備真正成為社會的贅瘤。實現全球範圍普遍裁軍和銷毀武器的時刻已經來臨，任何範圍和形式的軍事對抗或武力威脅都應成為歷史。世界每年毫無意義地浪費於軍事開支的一萬億美元，應當用於建設一個和平、繁榮的新世界。軍事工業、軍事科學技術擁有的大量資源應有效地轉向民用工業和民用科技，特別是加強全球範圍的交通、通訊、環境保護、援助落後地區，以及智力開發等與全球共同利益相關的發展項目。

　　第五，國際關係方面。僅僅結束冷戰遠遠不足以適應時代的變化，應使整個國際關係格局從全球軍事力量對峙與軍備競賽轉向全球的經濟、政治、文化合作。東方和西方都應拆除經濟、貿易、政治、文化、科技、教育、旅遊

等各方面的人為壁壘，使各國人民及其智慧所創造的物質和精神財富都能夠自由地、便利地來往。這是促進世界和平繁榮發展與人類自由幸福的重要條件。

許多大國政治家似乎沒有認識到自己面臨的世界歷史事變的意義。他們對全球戰略的考慮，跳不出從梅特涅、俾斯麥到雅爾達協定那樣一套保持實力均勢平衡的陳舊戰略。每時每刻都在將大量人類財富投入失效的軍事機器中去。

民主運動中也有人主張暴力，鼓吹「槍桿子裡出政權」、「你不打他就不倒」等毛公式。這種「民主暴力主義」，不但無助於實現民主目標，而且適足以延長專制暴力主義的垂死掙扎。

因此，對於世界各國當政的政治家以及當前民主運動的指導者們，都有一個新啟蒙的任務，就是學會以和平、理性、非暴力的民主鬥爭形式，在地球上掃除一切帝國專制制度和專制暴力的殘餘。代表愚昧的專制主義與代表仇恨的暴力主義，在人類蒙昧時期是不可避免的歷史現象。現代民主運動應當依靠人類的智慧力量來改變舊制度，創造新制度。

希臘神話裡有兩位女神：一位是Aphrodite,the goddess of love and beauty，一位是Athena,the goddess of wisdom and art。在人類社會早期，這兩位女神往往各自支持對立的雙方中的一方向另一方作戰，使人類飽嘗戰爭與暴力的痛苦。這個智慧與愛分裂的歷史時代已經走到了終點。現

代的自由女神應當是Athena與Aphrodite融為一體的智慧與
愛的女神。她將把傳播愚昧和仇恨的專制制度和暴力機器
驅逐出人類的自由樂園。每一個走向自由的國家可以創造
各自不同的制度和文化，但在這個共同目標上是一致的。

附錄：末日審判前的賭博

「六四」屠殺6週年。鄧小平還活著。一批鄧小平大限等候症患者恐怕等得心焦了吧？最近忽然借天安門祭日將臨之際發動了一場「新聞」戰。但對象不是鄧小平或李鵬，而是被暴力鎮壓的學生領袖。始發難者是美國《紐約時報》。

一、《紐約時報》的瀰天大謊

4月30日，《紐約時報》以幾乎一整版(第12版)的篇幅，登出5天前(4月25日)Patrick E.Tyler發自北京的一則「新聞」，通欄大標題是：「天安門屠殺6年之後，倖存者們在策略手段上重新發生衝突」(6 Years After the Tianmen Massacre,Survivors Clash Anew on Tactics)

Patrick寫道，「一部今年將在公共電視台(Public Broadcasting System)公映的3小時記錄片制作者提供了證實學生運動中激進主義傾向的新焦點：一卷軍隊鎮壓前五天訪問柴玲的錄影帶。」接著，Patrick引了一段「柴玲的話」。我先將原文照錄如下：

In it, Ms.Chai said the hidden strategy of the leadership group she dominated was to provoke the Government to violence against the unarmed students.With statements like "What we are actually hoping for is bloodshed"and "only when the square is awash with blood will the people of China open their eyes."

譯成中文是：

在那(錄影帶)裡，柴玲說她控制的領導集團的秘密策略是激怒政府以暴力對付徒手的學生。「我們真的期望流血，只有血洗廣場時中國人民將睜開他們的眼睛。」

為了揭露柴玲有一個誘殺學生的「秘密策略」，Patrick在他的「新聞」中兩次重複「引用」這段話，接著寫道：

Ms.Chai also said she herself was not prepared to stay in the square. "I'm not going to be destroyed by this government,"she said in the interview. "I want to live. Anyway, that's how I feel about it. I don't care if people say I'm selfish."

譯成中文是：

　　柴玲還說，自己不打算留在廣場。「我不要被這個
政府毀掉」，柴玲在訪問中說。「我要活下去。不管
怎麼樣，我就這樣想，如果別人說我自私，我不在
乎。」

　　就靠這兩段話，所謂激進派有一個誘殺學生的「秘
密策略」，而柴玲「讓別人流血，而自己求生」的「新
聞」從《紐約時報》拋了出來。爲了突出「新聞」效應，
Patrick特別強調，「這些從未完整報導過(have never been
fully presented)的話，提供了對1989年群眾示威引發緊張情
景的新的洞察(new insight)。」

　　《紐約時報》的「新聞」果眞引起轟動。人們紛紛譴
責柴玲，有人主張把柴玲同李鵬一起交付審判。也有爲她
辯護，說她年輕，說她最後還是與學生留在廣場沒有逃
走。卻無人質疑《紐約時報》「新聞」的眞僞。

　　我於是想，這則「新聞」如果登在中國《人民日報》
上，人們大概會對它的眞實性打個問號，先弄清事實眞相
再爭論。但它登在美國《紐約時報》上，人們似乎不假思
索地信以爲眞，他們不相信《紐約時報》會撒謊。

　　然而我有幾點懷疑：

　　第一，《紐約時報》「新聞」的導言和標題，說學生
領袖們在天安門屠殺6年之後重新爆發了一場策略問題上

的「爭吵」(at odds)或「衝突」(clash)，，還配了一張五位學生領袖「在爭論中」(at the center of a debate)的照片。

但據我所知，這幾位昔日學生領袖，今天都在各自的公司或學校裡，忙於工作和學習，並沒有爆發什麼策略爭吵或衝突。我倒是懷疑《紐約時報》發表這篇「新聞」旨在挑起爭吵或衝突。

第二，幾年來我與這些流亡海外的學生領袖，有過不同程度的接觸。特別是柴玲，在普林斯頓大學相處較久。我們曾就天安門學生運動的各個方面，進行過廣泛的檢討，但從未聽說過「激進派學生領袖」有這樣一個「秘密策略」。

第三，我自己由於寫《鄧小平帝國》一書涉及1989年天安門悲劇，查考過當時能夠找到的中英文有關資料。印象中有一個柴玲5月底錄影講話，曾在電視和文章中被一再引用過。而《紐約時報》「新聞」中引用的柴玲錄影講話，有的似曾相識，有的卻聞所未聞；是否同一來源，啟人疑竇。

我查了查資料，終於真相大白。

(1)Patrick所稱那卷爲天安門學生運動提供了「新的焦點」、「新的洞察」的錄影訪問從未「完整報導」是假的。

我的案頭有一本《聯合報》編輯部編的《天安門一九八九》（聯經出版公司，1989年8月修訂再版），此書「完整」地收入了「柴玲5月底錄影講話」全文，共6頁（第264-

269頁)，約9,000字。

　　這篇「柴玲錄影講話」，不但6年前已「完整報導」，廣泛流傳，而且就我所查到的，早在1990年初，柴玲尚在中國國內逃亡時，胡平已在自己的文章中摘引這篇錄影講話中的兩段文字(見胡平在《中國之春》上連載發表的八九民運反思第二章〈關於八九民運失敗的結局〉，後收入他的《中國民運反思》一書，牛津大學出版社1992年版，第17-18頁)。

　　對照之下，只能證明「完整準確」的是6年前《聯合報》編輯部編的舊版書；《紐約時報》的「新聞」，「新」在無中生有、故意曲譯、斷章取義、欺騙讀者。

　　(2)Patrick引述柴玲在錄影訪問中說的「她控制的領導集團的秘密策略是激怒政府以暴力對付徒手的學生」(Ms. Chai said the hidden strategy of the leadership group she dominated was to provoke the government to violence against the unarmed students.)這句話，在「柴玲五月底錄影講話」全文中根本沒有。

　　我手頭沒有錄影帶，為了弄清《聯合報》編輯部在整理錄音時有沒有遺漏，我請在波士頓的柴玲把文字講話全文同錄影帶對照校核。柴玲對了兩遍，文字講話全文與錄影帶完全一致，都沒有Patrick引述的這句成為他的「新聞」焦點的話。柴玲告訴我，整個錄影帶從頭至尾沒有「秘密策略」、「激怒政府」這種用詞。

　　(3)Patrick無中生有地捏造了他謊稱柴玲說的「激怒政府」的「秘密策略」之後，又對錄影帶中柴玲的原話作了曲譯。一個關鍵的曲譯是把「期待」譯成「hope for」(期

望，希望)。

　　柴玲的原話是：「同學們問我，下一步我們有哪些打算和要求，我心裡覺得很悲哀，我本來打算告訴他們，其實我們期待的就是流血，等到政府最後在無賴之極的時候，用屠殺來對付我們。」(《天安門一九八九》，第266頁)

　　從前後文看，很清楚這是柴玲當「形勢變得越來越殘酷嚴峻」(同上書，第264頁)時對政府行動的估計，並非提出旨在激怒政府使用暴力的秘密策略。

　　這「期待」譯成英文，可以是await、expect、anticipate、be waiting for，不可以譯成 hope for。

　　Hope for的含義是expect加上desire(願望，希望)，Patrick 把這個曲譯同他前面無中生有捏造出來的「激怒政府」的「秘密策略」拼接到一起，「激進派學生領袖」的罪案就羅織成功了。我真想不到美國的「中國通」們竟已通到學會了中國歷代專制政權險惡的文字獄伎倆。

　　我手頭還有一份美國ABC News在1989年6月27日播出的The Koppel Report節目內容。那天的Tragedy at Tianmen中有這卷柴玲錄影訪問的訪問者Philip Cunningham出場。節目播出了柴玲的話，英譯文是：

　　"We are waiting for the government to begin a bloodbath."

　　這是第一手採訪者符合柴玲原意的譯文。《紐約時

報》硬要把 "We are waiting for"改爲 "What we are actually
hoping for"，難道翻譯不必符合原文原意，而必須滿足
「紐約時報」製造激進派學生領袖「秘密策略」的需要
嗎？

(4)《紐約時報》作出柴玲「讓別人流血，而自己求
生」的道德審判，採用了斷章取義配合故意曲譯的雙重策
略。

柴玲在錄影訪問中講：「我是上黑名單的人，對政府
這樣的殘害，我不甘心，我要求生。我這樣做不知道別人
是不是會認爲我自私。但應該有人來接替我的工作，民
主不是一個人能幹成的。」(《天安門一九八九》，第268-269頁)
譯成英文是：

My name is on the black list. This government is so
vicious, my heart will not give in. I want to live. If I do
this, I don't know if others will consider me selfish. But
there are others who will take over my work. Democracy
is not built by one person.

出於對形勢的嚴峻估計和對廣場某些消極面的失望，
柴玲並不諱言她曾感到身心疲憊，提出辭職；她也曾同意
廣場指揮部爲防備中共「槍打出頭鳥」，要黑名單上的學
生領袖暫時隱蔽的決定，離開過廣場。

這段話的意思也是這樣，她不甘心被害，要求生，是因為她上了黑名單，要考慮避開政府追捕。她心情矛盾，不知道別人會不會認為她自私，但她覺得應有人(如未上黑名單的人)接替，她準備轉移做別的工作。

對此可以有不同看法。但《紐約時報》用斷章取義的方法歪曲她的意思，把「不要被政府毀掉，要求生」前後的話掐頭去尾，剪接到捏造的「激怒政府」的「秘密策略」一起，不就變成柴玲「要別人流血，而自己求生」了嗎？

到此，《紐約時報》還不滿足，竟又把「我不知道」(I don't know)曲譯為 "I don't care"(我不在乎)！這麼一來，年輕學生領袖在險惡環境中的矛盾心情，一變而為既嗜血、又卑怯的流氓策略家口吻了！真是機關算盡！

我認為，柴玲作為學生領袖之一，當然可以批評。她並無權利因年輕或受迫害而逃避批評，人們也不該因她年輕或受迫害而不嚴格要求她。何況作為學生領袖，23歲不算太年輕了。不但柴玲在這個錄影帶中的話可以批評，柴玲和其他學生領袖在整個學生運動中的言行都可以公開批評。

「六四」屠夫們害怕批評，他們必須堅持百分之百正確，「一步也不能退」，因為一退即潰。他們是法庭審判的問題。學生則不同，他們將為中國與世界的未來貢獻自己的智慧和力量，他們必須使自己在批評中不斷進步。

然而批評的前提是尊重事實。新聞報導的前提同樣是

尊重事實。《紐約時報》有權對事件作出自己的分析和判斷，但沒有權利捏造事實。現在「紐約時報」捏造出6年前激進派學生有一個激怒政府使用暴力的秘密策略，謊稱是在一盤從未完整發表過的柴玲錄影訪問裡新發現的。

事實上這個秘密策略根本不存在，在那盤一個半小時的錄影帶裡根本沒有《紐約時報》所謂「柴玲說她控制的領導集團的秘密策略是激怒政府以暴力對付徒手的學生」這種話！

《紐約時報》向全世界撒了一個瀰天大謊。

二、如何「重估」歷史？

5月2日，我寫了一封讀者投函電傳到《紐約時報》編輯部，說明我對該報那篇「新聞」的意見。編輯部未予答覆，兩天後(5月4日)卻收到Patrick E. Tyler的電傳，算是對我的信的答覆。他寫了三條：

第一，他查了兩本字典，Concise Oxford University Press Dictionary 和Concise Chinese-English Edition of the Beijing Languages Institute Dictionary, 證明「期待」可以譯成 "hope for"。

第二，他在文中引用柴玲講話的譯文，是通曉中文又精通翻譯的Carma Hinton提供，經過Orville Schell鑑定為完全準確，而ABC News的譯文有的是誤譯(some of which was mistranslated)。

　　第三，他提供給我柴玲講話的「完整上下文」(full context)，共19行。

　　奇怪的是，這「完整上下文」裡，並沒有他那條「新聞」的核心，「柴玲說她控制的領導集團的秘密策略是激怒政府以暴力對付徒手學生」那句話。

　　最後，Patrick以教訓口吻作結。他說：「新聞工作者和歷史學家將永不停止重新尋找對歷史的新的理解，而攻擊這種誠實而具有專業水平的歷史重估是一個巨大的錯誤，這才是要點。」

　　原來如此，《紐約時報》百分之百正確！？

　　當天(5月4日)，我寫了第二封信給《紐約時報》的 Executive Editor Joseph Lelyveld，對Patrick的信作出答覆。

　　第一，Patrick沒有回答真正的要點，他的「柴玲說她控制的領導集團的秘密策略是激怒政府以暴力對付徒手的學生」究竟是從哪裡來的？

　　第二，Patrick查了兩本字典，找了兩個幫手(Carma和 Orville)幫不了他的忙。

　　究竟《紐約時報》的"hoping for"和ABC News 的"waiting for"哪一個是mistranslated要看上下文。"hoping for"是從「秘密策略」引伸的。Patrick提供的full context中找不到《紐約時報》捏造的 "hidden strategy"，使"hoping for"也落了空。Patrick指責ABC News誤譯並無根據。

　　第三，與Patrick宣稱的相反，我不反對重估歷史。為

了「誠實和具有專業水平」地重估這一重大事件，現在《紐約時報》有責任發表我的兩封信。

《紐約時報》不回答。

半個多月來，《紐約時報》的「新聞」引發的歷史「重估」，表面上轟動一時，內容卻頗為奇特。我讀到台灣大學政治系副教授石之瑜寫的一篇文章〈不要怪柴玲〉。文章描述了「這兩天上課，學生都討論柴玲的事，感到震撼。即令現實慣了的台灣學生，聽了都有些支持不住」。

石教授又是怎樣為柴玲辯護的呢？他舉了八國聯軍進北京時，慈禧太后一面表現激進，向世界宣戰；一面置拳民生死於不顧，帶光緒逃生等歷史實例，說明「領袖夾在激進風格與逃生需要中，的確很為難」。

我不知道學生們聽了這樣的辯護怎麼想？但我由此感到，這種用製造學生領袖口中說出的話來摧毀天安門學生運動的「秘密策略」，其殺傷力是可以勝過鄧小平、李鵬、楊尚昆的坦克和衝鋒槍的。但這不屬於「重估」歷史的理性力量，這是新聞霸權的文字暴力。

因為重估歷史的理性之爭，最起碼的態度是不撒謊；爭論之前，要弄清事實的存在與否。

魯迅講過一個笑話，一群秀才在殿堂上爭論匾上的文字，爭了半天，原來那塊匾還沒掛起。

三、新華社的間接呼應(略)

四、廣場不是賭場

我認為無論怎樣「重估」天安門學生運動，有兩個基本事實不容抹煞。

第一，1989年天安門學生運動，是一場爭取人民自由權利、反對政府專制腐敗的憲政民主運動，不是「暴民運動」、「洩憤運動」。連鄧小平都明白，他在4月24日為學生運動定調時說：「他們利用憲法上的權利和我們鬥，我們要抓緊立法，北京有『十條』，用這個約束他們！」

這是公然主張用違憲的地方立法來取消憲法規定的公民權利。學生也明白這一點，北京大學法律系學生針對違憲的北京「十條」和根據鄧小平調子寫成的《人民日報》4月26日社論，提出開展護憲運動。

第二，為了實現憲政民主目標的基本策略，是「和平、理性、非暴力」。這一點始終不變。學生和民眾直到政府揮動屠刀，仍堅持和平抗爭的原則。柴玲在6月4日軍隊開進天安門廣場前的最後的話是：

廣場統一指揮部發佈第五號最嚴屬的命令：請所有的手中有棍棒、瓶子、磚頭，甚至燃燒彈的同學，立

即放下這些徒有虛名的武器。你們知道嗎？在西長安街上，被殺、被打的，都是那些投擲東西的人。你可以扔東西，作爲你個人；你想到沒有，你一扔，你的同學會因此犧牲。

這兩點，不僅是不容抹煞的歷史事實，也是天安門學生運動的歷史遺產。某些精英的「反思」蓄意否定的，也是這兩點。

「新權威主義」、「新保守主義」理論家們否定學生運動的憲政民主目標。他們把憲政民主視爲危險的「激進主義」，如蕭功秦提出所謂「權威制約論」對抗憲政民主。他說：

中國社會經濟發展的目前階段，無論國民素質還是社會結構所達到的契約化水平，遠遠沒有到民主政治所需要的條件。開放民主參與空間，只會起到促進政治分裂的助燃作用。人大議會化，只能使人大變成各種政治力量煽動民眾情緒的講台。長期積累的各種政治訴求一旦有了宣洩條件，就會引起一系列連鎖反應，使人們得寸進尺提出新的訴求，政治動盪就會再次出現。

他主張「以強有力的執政黨的權威政治，來克服軟政權化與規範貧乏化，是唯一可行的選擇」。

　　否定「和平、理性、非暴力」的主張則來自兩方面。一是主張以人民暴力，反抗政府暴力；二是歪曲學生運動的非暴力原則。《紐約時報》製造出「激怒政府使用暴力」的「秘密策略」和激進派學生領袖「讓別人流血，而自己求生」的謊言，就是後一種。

　　事實上1989年的天安門廣場，在憲政民主目標和非暴力原則這兩個基本問題上，不存在兩個對立的派別與兩種對立的策略。至於學生與民眾的具體行動步驟，取決於迅速變化的形勢下各種政治力量的互動和實際狀況的考量，非少數學生領袖個人意志左右一切。比如《紐約時報》視為「核心問題」的撤與不撤，何時撤？事實是這樣的：

　　1989年5月27日「首都各界聯席會議」討論通過「關於時局的十點聲明」。其中第八點如下：

　　「不管黨內鬥爭如何，這場學運和民運都將始終不渝堅持自己的目標：

　　第一，解除戒嚴令，撤回部隊；

　　第二，否定「四二六」社論，否定李鵬「五二五」講話，肯定這次運動是愛國民主運動，承認群眾自治組織的合法性；

　　第三，立即召開人大緊急會議，討論人民一致發出的罷免李鵬的呼籲，創造在民主和法治程序上解決問題的氣氛。

　　「首都各界聯席會議鄭重宣告，如近期內不召開人

大緊急會議，天安門廣場大規模和平請願運動將至少
堅持到6月20日人大八次會議召開。」

　　討論中，由於廣場總指揮部柴玲、封從德提出由於財
政不敷需要，廣場無法堅持到6月20日，才改為5月30日撤
出廣場。

　　5月27日晚上，王丹在記者會上宣佈後，廣場營地聯
席會議317校代表，多數仍主張堅持到6月20日人大召開。

　　5月28日，首都各界聯席會議否決了5月30日撤離決
議，恢復原來堅持到6月20日的建議。當時《大公報》、
《文匯報》都有報導：

　　(《大公報》28日北京專電)首都各界聯席會議今天在聲
　　明中提出，學生在天安門廣場的請願活動至少延續至
　　6月20日人大八次會議召開。昨天王丹宣佈的聲明曾
　　建議5月30日撤出廣場，靜坐請願告一段落。今天的
　　聲明解釋說，聯席會議最初就提出堅持到6月20日，
　　後來聽取廣場總指揮柴玲等匯報廣場情況，以及市高
　　聯動議撤出廣場後，聯席會議把建議改為5月30日。
　　聯席會議今天再開會，否決了5月30日撤退的建議，
　　維持原來堅持至6月20日的建議。

　　另據《文匯報》29日報導，「27日晚，提前撤離的決
定，是由於聽取廣場總指揮柴玲、副總指揮封從德的意

見。」

這是否兩派學生領袖之間激進極端與穩健節制兩種策略之爭，應不難判斷。

至於1989年天安門廣場有沒有穩健派的「見好就收」策略，這個策略是否真的穩健節制，也是一個疑問。

我第一次看到這個策略，是在「六四」屠殺半年多之後，胡平的〈八九民運反思〉中，那是同「見壞就上」連在一起的。

胡平說，見壞就上、見好就收，是一組配套的策略；他早在1989年5月21日寫的〈見壞就上，見好就收〉一文中提出的。但我懷疑當時廣場上的「穩健派」看到並接受這個策略。因為在這次《紐約時報》報導之前，我從未在天安門運動的資料中見過記載。

記得那時在密西根大學朋友中議論胡平的策略，聚焦於這「好」或「壞」、「收」或「上」的時間點如何測定？

議論的結果是難以測定。好比在拉斯維加斯賭博，贏多少算「好」？「見好就收」已不易「收」在恰到「好」處。至於「見壞就上」，更是凶險莫測，非賭到傾家蕩產，焉有止時？比如胡平說，他在5月21日文中就指出：

「中共溫和派已經失勢，戒嚴令已經頒佈，大規模的殘酷鎮壓勢在必行。既然我們沒能在此前形勢有利時收兵，那麼到了現在，我們已沒有退路。在高壓面前的撤退，只能失敗，是前功盡棄，是血流成河。」

接著他又說：「在非暴力鬥爭中，如同在暴力鬥爭中一樣。當情況緊急、迫不得已，犧牲也難免的，也是必要的。非如此則不能勝利，而且到頭來仍不免不了犧牲，只是徒然地使犧牲失去了最可貴的價值。我當然不是說血肉之軀可以抵得過坦克機槍。但是，倘若屠殺(所謂清場)一直拖到天亮仍遲遲不能成功，政局確有可能出現劇變。」

我於是想，假如是胡平而不是柴玲在天安門廣場，他將怎樣見壞就上，讓屠殺一直拖延到天亮？政局又將出現怎樣的劇變？先不去說這場難以預測的賭博結局如何，我實在看不出這策略的「穩健節制」在哪裡？

五、民主女神會回來的

天安門悲劇已經過去了6年。被中共戒嚴部隊摧毀的民主女神將永遠消失在廣場麼？

我不這樣認為。只要她存在人們心中，民主女神會回來的。

6年來確有人做種種努力，把民主女神從人們心中抹掉。

他們用暴力，用欺騙，用權力，用金錢，用陰謀策略，用形形色色東方、西方意識形態的軟刀子，把民主女神從人們心中剜掉。

反「激進主義」，也是刺向人們心中民主女神的一把軟刀子。今天更值得我們思索的是，為什麼像《紐約時

報》這樣的美國媒體大亨，也走進反「激進主義」的前列，還撒出那樣的瀰天大謊？

最近一篇題為〈中國的權力鬥爭〉的《紐約時報》社論，道出了一點玄機：

「華盛頓對中國政治繼承只有有限的影響力，主要通過給予世界領袖的待遇來提高競爭者的聲望。柯林頓總統在莫斯科避免同江澤民單獨會晤是高明的一招。對於高度不確定的中國未來，謹慎中立是維護美國利益的最佳政策。」

接著，登出了Patrick E. Tyler 的最新報導：「老戰士可能得到鄧的斗蓬」(Old Soldier May Take Deng's Mantle, Mantle，斗蓬比喻繼承最高權力的重任)。他說：

　　——在鄧小平過世之後，仍在世的6個革命元老中，只有一個指揮過320萬人民解放軍，未來政治繼承中的主角。

　　——只有一個到華盛頓作過國事訪問，經常談論與美國保持堅強友誼的重要性，並且視布希總統為他個人的朋友。

　　——只有一個陪同鄧小平南巡，把改革從1989年6月天安門暴力鎮壓後的強硬路線倒退中解救出來。

——他的名字叫楊尚昆，一個經常支持改革派的軍
人。在八十幾歲的元老中間，他具有最大的威懾能量
對他的終生朋友鄧小平遺留下來的不安寧的12億人口
國家重新作出政治安排。

原來如此。「謹慎中立」是幌子，《紐約時報》的賭
注，已壓在這位88歲的布希老朋友身上，並教導華盛頓以
它有限的影響力，去提高從天安門屠夫中精選出來的這位
競爭者的聲望。可惜這未必是「維護美國利益」的最佳選
擇。

第一，楊尚昆的「威懾能量」並不如Patrick想像的那
麼大。鄧小平重用楊尚昆、楊白冰兄弟時，軍中元老公開
表示不服。聶榮臻元帥說，楊尚昆在王明路線時搞垮過一
回軍隊，不能再讓他搞垮第二回！

楊尚昆也並非「經常支持改革派」，倒胡(耀邦)、倒
趙(紫陽)，他都在關鍵時刻扮演不光彩的角色。他在軍委
會議「揭發」胡耀邦，充斥污蔑不實之辭，連鄧小平都不
得不下令收回、不准下達。

袛是鄧小平1992年南巡，他「保駕護航」有功。返京
後不但未獲賞，還讓鄧小平在中共十四大剝奪了楊氏兄弟
的軍權。鄧、楊兩家長期交往從此終止。Patrick身在北京
對此一無所知，還在賭他出來繼承鄧小平的「大統」，我
看必輸無疑。

第二，「對於高度不確定的中國未來」，有一點確定

無疑：中國將不再出現一個新皇帝，無論他姓江，還是姓楊！不但因為楊尚昆個人條件不可能成為另一個毛澤東或鄧小平，中國人民也不會再允許一個新皇帝去建造毛、鄧之後的第三帝國。

中國人民將繼續努力實現1989年天安門學生運動的憲政民主目標。民主女神會回來的。

有趣的是，「六四」屠殺的主角鄧小平還活著，一些有心人卻在等候著「鄧後」的末日審判，有的等著受審，有的等著審人，有的等著看熱鬧，也有的以「歷史學家」或「新聞記者」之名在做末日審判前的罪人尋訪和罪證搜集，並不時公佈之。在這個時候引起爭論是難免的。

我只願人們注意一點，至少弄清了事實再投入戰鬥。

陳冠學 一生代表作

一本觀照台灣大地之美 20世紀絕無僅有的散文傑作

陳冠學是台灣最有實力獲諾貝爾文學獎的作家……

我去天國時，《田園之秋》是我最想帶入棺材的五本書之一

—— 知名媒體人、文學家 汪笨湖

中國時報散文推薦獎/吳三連文藝獎散文獎/台灣新文學貢獻獎

《讀者文摘》精彩摘刊/台灣文學經典名著30入選

前衛出版

AVANGUARD

台灣
經典寶庫
Classic Taiwan
7

南台灣踏查手記

原著 | Charles W. LeGendre（李仙得）

英編 | Robert Eskildsen 教授

漢譯 | 黃怡

校註 | 陳秋坤教授

2012.11 前衛出版 272 頁 定價 300 元

從未有人像李仙得那樣，如此深刻直接地介入 1860、70 年代南台灣原住民、閩客移民、清朝官方與外國勢力間的互動過程。

透過這本精彩的踏查手記，您將了解李氏為何被評價為「西方涉台事務史上，最多采多姿、最具爭議性的人物」！

節譯自 *Foreign Adventurers and the Aborigines of Southern Taiwan, 1867-1874*
Edited and with an introduction by Robert Eskildsen

台灣經典寶庫 **6**

C. E. S. 荷文原著
甘為霖牧師 英譯
林野文 漢譯
許雪姬教授 導讀

2011.12 前衛出版 272頁 定價300元

被遺誤的台灣 *Neglected Formosa*

荷鄭台江決戰始末記

1661-62年，
揆一率領1千餘名荷蘭守軍，
苦守熱蘭遮城9個月，
頑抗2萬5千名國姓爺襲台大軍的激戰實況

荷文原著 C. E. S.《't Verwaerloosde Formosa》(Amsterdam, 1675)
英譯William Campbell "Chinese Conquest of Formosa" in《Formosa Under the Dutch》(London, 1903)

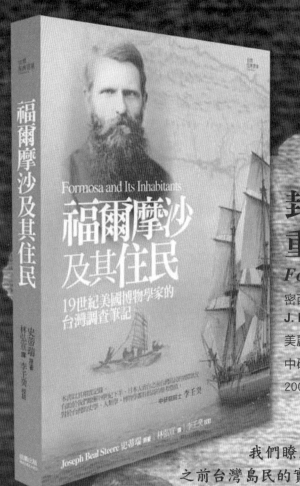

台灣經典寶庫 4

封藏百餘年文獻
重現台灣
Formosa and Its Inhabitants

密西根大學教授
J. B. Steere (史蒂瑞) 原著
美麗島受刑人 **林弘宣** 譯
中研院院士 **李壬癸** 校註
2009.12 前衛出版　312頁　定價 300元

　　本書以其翔實記錄，有助於
我們瞭解19世紀下半、日本人治台
之前台灣島民的實際狀況，對於台灣的史學、
人類學、博物學都有很高的參考價值。
　　　　　　　——中研院院士 **李壬癸**

◎本書英文原稿於1878年即已完成，卻一直被封存在密西根大學的博物館，直到最近，才被密大教授和中研院院士李壬癸挖掘出來。本書是首度問世的漢譯本，特請李壬癸院士親自校註，並搜羅近百張反映當時台灣狀況的珍貴相片及版畫，具有相當高的可讀性。

◎1873年，Steere親身踏查台灣，走訪各地平埔族、福佬人、客家人及部分高山族，以生動趣味的筆調，記述19世紀下半的台灣原貌，及史上西洋人在台灣的探險紀事，為後世留下這部不朽的珍貴經典。

回憶在滿大人、海賊與「獵頭番」間的激盪歲月

Pioneering in Formosa

歷險

台灣經典寶庫5

福爾摩沙

W. A. Pickering
(必麒麟) 原著

陳逸君 譯述 | 劉還月 導讀

19世紀最著名的「台灣通」
野蠻、危險又生氣勃勃的福爾摩沙

*Recollections of Adventures among Mandarins,
Wreckers, & Head-hunting Savages*

前衛出版
AVANGUARD

國家圖書館出版品預行編目資料

飄泊：尋找自由．美國篇 / 阮銘著.
－－初版.－－台北市：前衛，2013.10
320面；15×21公分

ISBN 978-957-801-722-1(平裝)

1. 阮銘 2. 台灣傳記 3. 中國大陸研究

783.3886   102018498

飄泊：尋找自由（美國篇）

作　者　阮銘
責任編輯　鄭清鴻
美術編輯　宸遠彩藝
出版者　前衛出版社
　　　　10468 台北市中山區農安街153號4F之3
　　　　Tel：02-25865708　Fax：02-25863758
　　　　郵撥帳號：05625551
　　　　e-mail：a4791@ms15.hinet.net
　　　　http://www.avanguard.com.tw
出版總監　林文欽
法律顧問　南國春秋法律事務所林峰正律師
總經銷　紅螞蟻圖書有限公司
　　　　台北市內湖舊宗路二段121巷28、32號4樓
　　　　Tel：02-27953656　Fax：02-27954100
出版日期　2013年10月初版一刷

定　價　新台幣350元

*「前衛本土網」http://www.avanguard.com.tw
*請上「前衛出版社」臉書專頁按讚，獲得更多書籍、活動資訊
　http://www.facebook.com/AVANGUARDTaiwan